Fred Barry et la petite histoire
du théâtre au Québec

**Collection «Je me souviens»
dirigée par Pierrette Beaudoin**

titre déjà paru

LES RECETTES DE MADAME CURÉ
La cuisine des presbytères
par Pierrette Beadoin

Philippe Laframboise

Fred Barry
et la petite histoire du
théâtre au Québec

Les Éditions

LOGIQUES

Données de catalogage avant publication (Canada)

Laframboise, Philippe, 1924-

    Fred Barry et la petite histoire du théâtre au Québec
    (Collection «Je me souviens»).

    Comprend des réf. bibliogr.

    ISBN 2-89381-350-X

    1. Barry, Fred.   2. Théâtre – Québec (Province) – Histoire –
20e siècle.   3. Acteurs – Québec (Province) – Biographies.   I. Titre.
II. Collection: Je me souviens (Montréal, Québec).

PN2308.B37L33   1996   792' .028' 092   C96-940440-9

Logiques est une maison d'édition agréée par les organismes d'État responsables de la culture et des communications.

Révision linguistique: Cassandre Fournier, Corinne de Vailly, Roger Magini
Mise en pages: Martin Gascon
Graphisme de la couverture: Christian Campana

Distribution au Canada:
Logidisque inc., 1225, rue de Condé, Montréal (Québec) H3K 2E4
Téléphone: (514) 933-2225 • Télécopieur: (514) 933-2182

Distribution en France:
Librairie du Québec, 30, rue Gay-Lussac, 75005 Paris
Téléphone: (33) 1 43 54 49 02 • Télécopieur: (33) 1 43 54 39 15

Distribution en Belgique:
Vander Éditeur, avenue des Volontaires, 321, 13-1150 Bruxelles
Téléphone: (32-2) 762-9804 • Télécopieur: (32-2) 762-0662

Distribution en Suisse:
Diffusion Transat s.a., route des Jeunes, 4 ter C.P. 125, 1211 Genève 26
Téléphone: (022) 342-7740 • Télécopieur: (022) 343-4646

Les Éditions LOGIQUES
1247, rue de Condé, Montréal (Québec) H3K 2E4
Téléphone: (514) 933-2225 • Télécopieur: (514) 933-3949

Les Éditions LOGIQUES / Bureau de Paris, 110, rue du Bac, 75007 Paris
Téléphone: (33) 1 42 84 14 52 • Télécopieur: (33) 1 45 48 80 16

Fred Barry et la petite histoire du théâtre au Québec

© Les Éditions LOGIQUES inc., 1996
Dépôt légal: Deuxième trimestre 1996
Bibliothèque nationale du Québec
Bibliothèque nationale du Canada

ISBN 2-89381-350-X
LX-393

À Pascale Montpetit et Benoît Brière

Leur talent spontané et leur expression dramatique si naturelle rejoignent d'emblée cette tradition théâtrale servie et entretenue si éloquemment par Fred Barry.

Sommaire

Note de l'éditeur

~ 11 ~

Préface

~ 15 ~

PREMIÈRE PARTIE
Fred Barry...

DEUXIÈME PARTIE
… Et les autres

Note de l'éditeur

Au tout début de l'année 1958, le journaliste Philippe Laframboise avait le privilège d'être admis au domicile du regretté Fred Barry, afin de recueillir les souvenirs de théâtre de ce grand et inoubliable artiste.

Déjà atteint par la maladie, inactif même depuis quelques années, le «grand Fred» (comme on l'appelait) n'en conservait pas moins sa lumineuse lucidité, une mémoire infaillible et ce sens de l'humour qui ne l'abandonnait jamais.

Celui que couronnait alors le titre de *doyen* des artistes québécois en général et des comédiens en particulier, habitait encore sa maison de la rue Saint-André, à Montréal, maison si familière à ses intimes mais où il n'était pas tellement facile de pénétrer, puisque M. Barry, fermé à toute mondanité, ne prisait ni les importuns ni la publicité.

C'est à l'aide d'un magnétophone que l'auteur parvint à conserver les mémoires de la fabuleuse carrière de Fred Barry, qui lui permirent, la même année, de les publier en quatorze tranches dans l'hebdomadaire *Nouvelles illustrées*. En 1965, quelques mois à peine après le décès de Fred Barry, cette série d'articles fit l'objet d'une plaquette-souvenir dont le lancement eut lieu dans le hall de la Comédie canadienne.

Poursuivant inlassablement sa tâche de recherchiste et d'historien populaire, Philippe Laframboise a voulu, près de trente ans plus tard, récidiver en offrant cette fois un ouvrage plus complet… Remplies de références biographiques et de document visuels devenus introuvables, ces pages – reflet historique du monde théâtral du début de ce siècle – font revivre les artistes souvent inoubliables qui ont peuplé l'univers de Fred Barry. Il s'agit donc d'un précieux chapitre du grand album de notre patrimoine culturel.

Entourant l'auteur au lancement de la plaquette-souvenir *Adieu Fred Barry*: Juliette Béliveau, Monic Nadeau, Juliette Huot, Antoinette et Germaine Giroux, Hughette Proulx, Claude-Lyse Gagnon et Henry Deyglun.

C'est Serge Brousseau, alors directeur de l'hebdomadaire *Nouvelles illustrées,*
qui introduisit M. Laframboise chez son idole Fred Barry pour la rédaction
des mémoires contenus dans cet ouvrage.

Préface

L'auteur ne lésine pas sur les termes admiratifs qu'il emploie en nous offrant ce récit de la carrière de Frédéric Barry, toujours appelé «Fred» par la colonie artistique, les comédiens, les collègues, les journalistes, les amis, enfin, tout le monde.

L'époque de Fred Barry et de ceux de son temps fut assurément héroïque. On ne saurait le dire assez. Tout jeune homme ou toute jeune fille, à ce moment-là, qui ressentait une certaine attirance vers une carrière théâtrale devait suivre des cours au Conservatoire Lassalle, fondé en 1908. Ou bien, le cas échéant, s'adresser à un professeur privé. Ils étaient rares, à cette époque, ceux qui détenaient un brevet d'enseignement en art dramatique.

Lorsqu'il fréquente l'école de son quartier, adolescent, le jeune Barry connaît un frère, Herménégilde, qui, friand de théâtre, s'intéresse à son talent qui perçait déjà et semblait devoir s'affirmer comme remarquable. Au cours de multiples rencontres avec Fred Barry, alors que j'exerçais le métier de journaliste, il m'apprit que ledit frère Herménégilde l'avait initié aux toutes premières joies de l'art dramatique (fables, lectures de manuscrits, etc.). Il ne s'agissait pas de cours au sens propre du terme. Mais ce professeur avait su déceler le don inné de ce jeune élève. Ses conseils allèrent-ils jusqu'à insuffler le goût du théâtre à celui qui serait, plus tard, ce qu'on appelle un bon acteur, celui que l'on a vraiment connu à cette époque? Il reste que Barry atteignit les grands rôles à ses débuts sur scène.

Ce que nous tenons pour certain, c'est que le Conservatoire de musique et d'art dramatique ne fut créé que beaucoup plus tard, soit le 29 mai 1942. Les premiers dirigeants furent MM. Wilfrid Pelletier, Claude Champagne et Jean Vallerand. Tous les comédiens et comédiennes de 1900 à 1942 n'ont donc pas pu être formés par des enseignants chevronnés et désireux de transmettre leurs connaissances aux générations montantes. Cependant, il faut entendre que le Conservatoire Lassalle avait formé des professeurs, et certains dispensaient des cours privés et très rarement en atelier.

Certes, il y eut les nombreux cercles dramatiques qui jouèrent alors un rôle très important. On pourrait dire qu'ils formaient des artistes sur le terrain, répétant inlassablement les œuvres mélodramatiques de cette époque-là. Il fallait être comédien dans l'âme pour se tailler une place dans le métier. Le théâtre n'aura jamais cessé de faire partie intégrante de la culture d'une nation ou d'un peuple. N'y avait-il pas eu le théâtre antique en Grèce? Delphes, Épidaure et autres? On pourrait ajouter un mot de Descartes, qui n'était pas un rigolo, mais qui aimait le théâtre et les comédiens.

«Je me tiendrai toujours plus obligé à ceux par la faveur desquels je jouirai sans empêchement de mon loisir, que je ne le serais à ceux qui m'offriraient les plus honorables emplois de la terre.»

Il y a aussi l'exemple du célèbre Mounet-Sully, de la Comédie-Française qui, transporté par le jeu exceptionnel d'un comédien, s'écriait: «Que cet homme a de la fantaisie!»

Eût-il vu Frédéric Barry en scène qu'il eût réédité le compliment, car cet artiste, l'un des plus ardents et des plus convaincants de la scène québécoise, fut le plus doué de son époque. Certains s'accordent à dire: un acteur-né. À la fois instinctif, fougueux et mesuré, Fred Barry pouvait aller d'un rôle à l'autre avec la même aisance, la même conviction, la même intensité. On dira que le don se développe. Chez Barry, le don éclatait de toutes parts. Je demeure persuadé que le public aimait le voir jouer des rôles de comédie. Il excellait aussi dans les pièces à caractère dramatique. Il fallait l'avoir vu interpréter le rôle de l'avocat dans *La Lettre*, de Somerset Maugham, pour admettre sans mal son étonnante versatilité.

L'auteur parle avec chaleur de la disponibilité et de la générosité proverbiale de Fred Barry. Rien de plus vrai. Il aura souvent tendu la main à des camarades en difficulté. Il aura également évité de lourds ennuis aux diverses compagnies théâtrales parmi lesquelles il a évolué. Comme directeur, il était tout aussi compétent, car il s'y connaissait en matière de finance. Indispensable dans ce rude métier.

Son apport aux spectacles de variétés, aux revues, au cinéma, etc., est également souligné dans cet ouvrage. Sa carrière radiophonique connut aussi des succès appréciables. On aura cru, un moment, que la radio nuirait au théâtre. Barry a toujours été persuadé du contraire. Cela s'est révélé exact. Les séries radiophoniques terminées, les comédiens partaient en tournée dans toute la province, quelquefois outre-frontière. Lorsque Fred Barry se retira de la scène, il avait pris de l'âge et la maladie le gênait beaucoup. Mais le théâtre allait bien, en dépit de quelques saisons difficiles. Même la télévision n'allait pas l'empêcher de survivre.

Un exemple de solidarité entre tous: l'équipe Barry-Duquesne a été constituée durant une période de vacances, quelque part dans la région de Rivière-du-Loup, sur une simple poignée de main de deux hommes qui avaient voué leur vie au théâtre. Plus de trente années sur une poignée de main, il faut le faire!

L'auteur écrit sobrement et dans un style journalistique de bon aloi. Ce livre deviendra sans doute un ouvrage de référence en ce qui a trait à l'époque théâtrale vécue par au moins deux générations. Il serait souhaitable, aussi, qu'on le trouvât dans les bibliothèques publiques et celles des compagnies de théâtre les mieux organisées d'aujourd'hui.

Ernest Pallascio-Morin

P.-S. – Je devais cette marque d'amitié à l'auteur.

PREMIÈRE PARTIE
Fred Barry...

Fils d'un modeste hôtelier,
il devint acteur à dix ans

Cet homme, dont la silhouette familière se dressait devant moi en cette fin d'après-midi, au début même d'une année nouvelle, cet homme, comment l'aborder?

Comme tous ses admirateurs, je l'avais vu jouer au théâtre ou entendu à la radio. Mais là, dans le cadre intime de son foyer, la rampe se faisait soudain inexistante, au point que j'avais l'impression d'être sur une immense scène dont le rideau ne voulait plus descendre.

Le véritable acteur qu'était Fred Barry avait l'habitude de ces trous de mémoire, de ces trous inexplicables qui font que la réplique attendue ne vient pas tout de suite. C'est pourquoi, comme il n'était pas de ceux devant qui il fallait faire des courbettes, il me dispensa de lui avouer que, depuis ma plus tendre enfance et particulièrement depuis que je furetais dans le milieu des artistes, j'avais appris que lui, Fred Barry, à titre de pionnier et de doyen de tous nos comédiens, avait acquis cette prestance de monstre sacré qui le distinguait honorablement du simple commun des mortels.

Voilà un peu pourquoi, à vrai dire, je ne pouvais en la circonstance m'arroger le droit de poser au biographe devant sa modestie évidente. Recueillir ses confidences, retracer des faits, brosser ses souvenirs pour les livrer au grand public, voilà la mission qui m'incombait, voilà pourquoi j'étais venu. On ne boude pas pareil privilège; l'endosser offre en effet trop de satisfaction personnelle.

Ce décor était le sien. Il y évoluait en maître depuis quinze ans, alors qu'il prenait possession de ce fort accessible logis de la rue Saint-André où il nous recevait, le visage réjoui et la main tendue.

Décor très simple, moitié bureau, moitié vivoir, donnant sur la rue et laissant voir, à deux pas, le paisible boulevard Saint-Joseph. Assis à sa table de travail, face à la fenêtre, M. Barry passait des heures à travailler et à réfléchir. Au mur, de magnifiques gravures d'Edmond Massicotte et deux tableaux à l'huile du peintre Vézina, l'un représentant Henri Bourassa et l'autre Sir Wilfrid Laurier, à qui il ressemblait. Dans un autre angle, la plaque de popularité de *Radio-Monde** et, plus bas, un superbe Christ en bronze complétaient le décor, le familier décor de l'artiste Fred Barry.

Et c'est dans ce petit coin de la rue Saint-André, en ce jour de janvier 1958, que Fred Barry ouvrit pour nous le cher cahier de ses mémoires. À l'aide d'une mémoire

---

* Fondé en 1939, *Radio-Monde* fut le premier hebdomadaire uniquement consacré au monde du spectacle. Tous les ans, il remettait à la suite d'un vote populaire une plaque d'honneur à l'artiste le plus aimé.

C'est en 1945 que cet attachant vieillard perdit Bella Ouellette, la compagne de sa vie, un couple sans progéniture. Mais la solitude de ses vieux jours fut heureusement une solitude dorée, les membres de sa famille n'ayant jamais cessé de l'entourer, de même que ses camarades. Et puis, il conservait l'affection et la fidélité de son vieux copain, un chien superbe appelé Pépère.

qui se révéla extraordinaire, le vieil acteur anima pour nous ses souvenirs de la première heure.

Fils d'un modeste hôtelier, Frédéric Barry vit le jour le 28 octobre 1887, dans la paroisse Saint-Jean-Baptiste de Montréal. Son père était irlandais de lointaine souche, tandis que sa mère, Marie-Louise Landry, était canadienne. Cette descendance irlandaise fit que son nom se prononçait en réalité Barrer, contrairement à ce que l'on a pu croire. Le futur acteur grandit dans une famille composée de quatre sœurs et de trois frères. Toutefois, il fut le seul artiste de sa famille.

L'enfance de Fred Barry, une enfance plus que normale, se déroula donc dans cette hôtellerie que dirigeait son père, en pleine paroisse Saint-Jean-Baptiste, c'est-à-dire à l'angle des rues Rachel et Saint-Laurent. Enfance heureuse, en effet, dont il gardait un très émouvant souvenir.

Jeune garçon, quand il grandissait auprès de ses frères et sœurs ou quand il partageait les jeux de son enfance dans la cour de l'école avec d'autres camarades, se sentait-il prédisposé à sa future carrière d'artiste? Comment le dire? Lui-même n'avouait-il pas avoir été un petit gars comme les autres?

Comme les autres, soit, mais non sur une scène théâtrale. On s'en rendit bien compte quand un jour on lui attribua un rôle au collège. Car dans ce temps-là, beaucoup plus que de nos jours, on jouait fréquemment dans les salles des collèges ou dans les sous-sols des églises. Combien de ces premiers apprentissages ont pour jamais scellé des avenirs! Chose évidente, le jeune Fred prouva pour sa part, au cours de toutes ces années de «séances», qu'un comédien-né, qu'un acteur véritable peut en dehors des études d'art dramatique et sans professeur, démontrer un talent extraordinairement naturel.

C'est ce qu'il fit le 11 avril 1898, en campant Don José, un enfant de 10 ans, tiré de la pièce de l'Espagnol Elvarez, pièce qu'il joua à la salle de la garde Napoléon (Laurier et Hutchison), pour le compte du Cercle Molière.

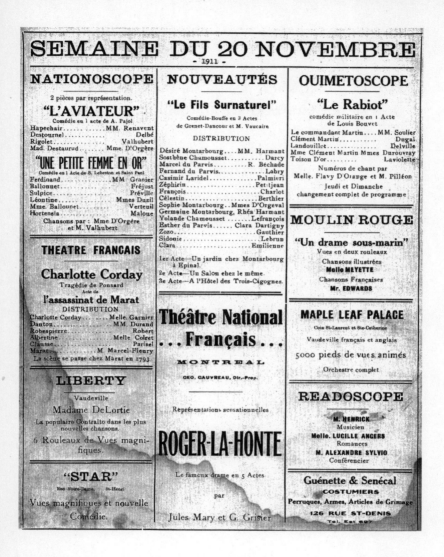

SEMAINE DU 20 NOVEMBRE
- 1911 -

NATIONOSCOPE

2 pièces par représentation.

"L'AVIATEUR"
Comédie en 1 acte de A. Pajol

Hapechair............MM. Renavent
Destournel............Delbé
Rigolet..............Valhubert
Mad. Destaurud.......Mme. D'Orgère

"UNE PETITE FEMME EN OR"
Comédie en 1 Acte de B. Lebreton et Saint Paul

Ferdinand..............MM. Granier
Ballonnet..............Fréjust
Sulpice.................Préville
Léontine...............Mmes Duzil
Mme. Ballounet.........Verteuil
Hortensia..............Maloue

Chansons par : Mme D'Orgère
et M. Valhubert

THEATRE FRANCAIS

Charlotte Corday
Tragédie de Ponsard
Acte de
l'assassinat de Marat
DISTRIBUTION

Charlotte Corday......Melle. Garnier
Danton...............MM. Durand
Robespierre..............Robert
Albertine.............Melle Colret
Clausse.................Parisel
Marat.............M. Marcel-Fleury
La scène se passe chez Marat en 1793

LIBERTY

Vaudeville
Madame DeLortie
La populaire Contralto dans les plus
nouvelles chansons.

6 Rouleaux de Vues magni-
fiques.

"STAR"
Rue Notre-Dame,   St-Henri

Vues magnifiques et nouvelle
Comédie.

NOUVEAUTÉS

"Le Fils Surnaturel"
Comédie-Bouffe en 3 Actes
de Grenet-Dancour et M. Vaucaire

DISTRIBUTION

Désiré Montarbourg....MM. Harmant
Sosthène Chamousset..........Darcy
Marcel du Parvis.........R. Béchade
Fernand du Parvis.............Labry
Casimir Laridel...........Palmieri
Zéphirin.................Pettitjean
François...................Charlot
Célestin...................Berthier
Sophie Montarbourg..Mmes D'Orgeval
Germaine Montarbourg, Rhéa Harmant
Yolande Chamousset......Lefrançois
Esther du Parvis......Clara Dartiguy
Zozo......................Gauthier
Sidonie....................Lebrun
Clara......................Emilienne

1er Acte—Un jardin chez Montarbourg
à Epinal.
2e Acte—Un Salon chez le même.
3e Acte—A l'Hôtel des Trois-Cigognes.

Théâtre National
...Français...
MONTRÉAL

GEO. GAUVREAU, Dir.-Prop.

Représentations sensationnelles

ROGER-LA-HONTE

Le fameux drame en 5 Actes

par

Jules Mary et G. Grisier

OUIMETOSCOPE

"Le Rabiot"
comédie militaire en 1 Acte
de Louis Bouvet

Le commandant Martin....MM. Soulier
Clément Martin............Dugal
Landouillet................Delville
Mme Clément Martin Mmes Durouvray
Toison D'or.........Laviolette

Numéros de chant par
Melle. Flavy D'Orange et M. Pilléon

Jeudi et Dimanche
changement complet de programme

MOULIN ROUGE

"Un drame sous-marin"
Vues en deux rouleaux

Chansons illustrées
Melle MEYETTE

Chansons Françaises
Mr. EDWARDS

MAPLE LEAF PALACE
Coin St-Laurent et Ste-Catherine

Vaudeville français et anglais

5000 pieds de vues animés

Orchestre complet

READOSCOPE

M. HENRICK
Musicien

Melle. LUCILLE ANGERS
Romances

M. ALEXANDRE SYLVIO
Conférencier

Guénette & Senécal
COSTUMIERS
Perruques, Armes, Articles de Grimage
126 RUE ST-DENIS
Tel. Est 607

Montréal qui Chante

(20 septembre 1909)

SOMMAIRE : —CELLE QU'ON AIME—LA CANADIENNE—LES BAGUES—FROU-FROU—LA VOIX DES CHENES—SPORTS D'HIVER—LA VOIX DES ERABLES—LES PETITS PAVES—LA GRANDE SARAH—DIEU QUE MA VOIX IMPLORE—MONTREAL SUR SCENE

LA TROUPE DU THEATRE POPULAIRE DE QUEBEC

ART. DRAPEAU, DIRECTEUR-PROPRIETAIRE — JULIEN DAOUST, DIRECTEUR-ARTISTIQUE — W. VILLERAIE, REGISSEUR — J. GUIRAUD — L. PETITJEAN

BELLA OUELLETTE — DEVOYOD — J. R. TREMBLAY — S. MIRAL — ROSE ALMA

EDMOND DAOUST — J. R. TREMBLAY — E. MEUSSOT — ARTHUR TREMBLAY — G. MIRAL

Il devait au théâtre le plus beau jour de son existence

«Le plus beau jour de ma vie fut celui où je suis entré dans un grand théâtre pour la première fois!»

Ainsi s'exprima Fred Barry, tout au long de son existence. Son attitude à ces moments-là ne nous permettait pas de douter de la profondeur d'un tel aveu.

Fred Barry et ses valeureux témoins représentent plus qu'une étape, puisque c'est toute une époque qui renaît par leur présence. Époque glorieuse où le théâtre était roi et maître, de Montréal à Québec. Cette époque, la «Belle Époque», dont il était l'un des survivants, débuta vers 1900 pour se terminer vers 1914. Quatorze années, donc, de grands succès qui virent naître et grandir toute une génération de comédiens. Barry, qui débuta aux côtés des Filion, Hamel, Palmieri et autres, suivit savamment les traces de ces grands dont il subit durant des années la bienheureuse influence. Car en peu de temps, le jeune amateur des cercles dramatiques devint ce comédien professionnel dont le nom s'imposa aux yeux de tous comme un gage de talent, de travail, de feu sacré et de conscience professionnelle. Pareille

M. Filion, du Théâtre national français.

M. Hamel, du National.

M. Palmieri (né Archambault).

renommée ne devait jamais perdre de son éclat, parce que trop irrévocablement assise.

Il y a plus de soixante ans, les écoles de diction et les conservatoires d'art dramatique n'existaient pratiquement pas au Québec. De nombreux cercles dramatiques permettaient toutefois aux jeunes férus de théâtre, aux non-professionnels, de faire leurs preuves, de jouer!

Ces cercles, selon M. Barry, fourmillaient. Ainsi, vers les années 1910-1912, Montréal comptait au moins une vingtaine de ces cercles. Quel beau travail on y faisait! Ces cercles n'étaient ni plus ni moins que des genres d'ateliers au sein desquels chacun forgeait son talent à la faveur d'un apprentissage inestimable. Un seul but comptait: jouer! Jouer avec son cœur, avec conviction et avec son âme. Tous ces gens réussissaient à monter des spectacles fort convenables, quoique dans des conditions souvent effarantes. Et le public répondait: il venait en grand nombre au théâtre applaudir ceux qui le distrayaient avec tant d'ardeur.

Quel comédien parmi ceux de l'autre génération ne se souvient pas d'avoir commencé sa carrière grâce à ces cercles qui n'exigeaient de leurs adeptes qu'un seul laissez-passer: leur feu sacré. Barry devait être le dernier survivant du Cercle Molière, tous ses audacieux camarades ayant disparu bien avant lui.

Parmi tant d'autres, il y avait aussi le Cercle Saint-Henri, pour ne nommer que celui-là. Le jeune homme qu'il était fut par la suite invité à y jouer et c'est ainsi que de pièce en pièce, de cercle en cercle, il apprit son métier à bonne école, s'appropriant en cours de route les notions, les secrets, les techniques qui lui manquaient au départ. Cette bataille, cette course, cet élan de plus en plus fougueux durèrent de nombreuses années, lui permettant ainsi de mettre son talent définitivement en relief.

Le hasard, qui souvent joue un grand rôle dans le destin d'un adolescent, lui permit de faire un jour la rencontre de M. Elzéar Roy, un voisin de Saint-Faustin où le jeune Frédéric passait ses vacances. Notaire de carrière, Elzéar Roy était ce qu'on appelle un grand amoureux du théâtre, qu'il adorait plus que tout au monde. Jusqu'à sa mort, son grand regret fut toujours de n'avoir pu en vivre.

Cet artiste d'élite, ce pur et vrai comédien, avait le génie de la mise en scène et de la distribution; du premier coup d'œil, il pouvait discerner le véritable acteur du faux. Il fut, entre autres, l'instigateur des célèbres *Soirées de familles*, qui, à l'époque, attirèrent des centaines et des centaines de spectateurs au Monument national.

Or, c'est lui, un jour, qui posa à Fred Barry cette question qu'il n'oublia jamais par la suite: «Jeune homme, veux-tu faire du théâtre?»

Sous son égide, le jeune Fred poursuivra en effet une carrière humblement mais sûrement entreprise.

Laissons ici entendre la voix émue de Fred Barry. Il est là devant moi, se prêtant avec bonhomie à la poussée de mes questions. Qu'il nous pardonne de fouiller aussi hardiment son passé, de réveiller pour ce faire des souvenirs endormis. Notre tâche, en l'occurrence,

Le Directeur de feu les Soirées de Familles

Elzéar Roy.

Caricature de A. Bourgeois.

n'est-elle pas de servir d'intermédiaire entre lui et le public d'aujourd'hui, ce public qui doit savoir et se souvenir? Pour répondre à l'une de nos questions, la voix et le geste de Fred Barry se font en effet très éloquents et pleins d'émotion:

«Mes amis, le plus beau jour de ma vie fut celui où pour la première fois je vis se lever le rideau du Théâtre national, alors qu'en spectateur, je voyais ma première grande pièce de théâtre professionnel.»

Parole riche de conséquence qui, dans la voix de ce vieillard, prenait soudain un sens difficile à traduire: l'admiration et le respect, nous laissant souvent sans voix.

Les années avaient passé. Frédéric Barry venait tout juste d'atteindre ses 27 ans et l'année 1914 suivait son cours. Il était jeune, il était fort, nombreux étaient ses amis et les membres de sa famille qui, loin de s'y opposer, semblaient aider moralement ce jeune homme que le théâtre attirait et captivait autant.

Ses premières activités artistiques avaient de plus sorti son nom de l'ombre de façon encourageante. Autant d'éléments et de conditions qui devaient présider à ses débuts professionnels, lesquels eurent lieu au Théâtre canadien-français, dans la pièce *Un cœur de Française.*

JULIETTE BELIVEAU—EMILE CORBEIL dans **"Les Romanesques"** au Monument National
Cliché Giroux   Soirées de Famille de la Compagnie d'Art Dramatique

LE THEATRE D'AUTREFOIS

Une scène de la pièce "LE PRETRE" au Théâtre National en 1900
année de sa fondation

A. ROBITAILLE (Gérant)   ELZ. HAMEL (Régisseur)

JULIEN DAOUST (Dir.-Artistique)   G. GAUVREAU (Dir.-Propriétaire)

PROGRAMME SOUVENIR

des représentations

théatrales données

au

THEATRE

Saint-Denis

au bénéfice de

M. ALEX. DESMARTEAUX

M. FRED BARRY

L'Association de Bienfaisance des Pompiers de Montréal

Direction artistique
M. Alex Desmarteau

Direction artistique
M. Fred Barry

CHEF J.-F. CHEVALIER,
Président de l'Association de Bienfaisance des
Pompiers de Montréal

Ce programme est publié par Thomas Barry, 2610 Christophe Colomb, Montréal. Tél. Est 518.

BELLA OUELLETTE, (Duc de Reichstadt), JULIEN DAOUST, (Napoléon)
dans l'apothéose du *Roi de Rome* au Théâtre Populaire de Québec

Soldat et général pour
Un cœur de Française

L'acteur Barry ne devait jamais oublier ses grands débuts professionnels, puisqu'ils coïncidèrent avec la déclaration de la Première Guerre mondiale. Quelques souvenirs de ce fameux Théâtre canadien-français que remplacent, de nos jours, les magasins de la rue Sainte-Catherine, aux abords de la rue Saint-André; comment, un peu plus tard, il devint le camarade de ceux qui allaient influencer sa carrière pour le reste de ses jours. Les gens de cette époque révolue pratiquaient un métier dur, ingrat et difficile, sans grande considération de la part de leurs semblables – l'artiste étant alors considéré comme un paria qu'il ne fallait pas trop côtoyer en dehors de la scène. Mais on jouait pour l'amour du théâtre, comme le firent le doyen de nos artistes et tous ceux dont il ne manque pas d'évoquer pour nous le souvenir, au cours du récit de ses émouvants mémoires.

Atteindre la rue Sainte-Catherine, pour un jeune débutant comme Barry, était une consécration un peu semblable à celle que pouvait offrir Broadway, en ce temps-là. Aussi fut-il heureux d'y accéder en dépit des sombres nuages qui se dressaient dans le ciel montréalais.

Frédéric Barry, comme on le sait, avait tout d'abord percé et triomphé dans les nombreux cercles dramatiques qui, après lui avoir ouvert les portes de l'art théâtral, n'avaient pas manqué de faire appel à ses dons vraiment remarquables.

Du Cercle Molière, il passa donc au Cercle Saint-Henri et au Cercle national, entre autres, où il fit une merveilleuse composition dans *Le Drapeau de Carillon*, de L. O. David. En s'affirmant de la sorte, il franchissait le cap de l'amateurisme pour prendre place parmi les grands de la scène.

Et c'est ainsi qu'il débuta au Théâtre canadien-français, dans *Un cœur de Française*, pièce célèbre qui le faisait simple soldat au premier acte, pour le nommer général au quatrième.

Le Canadien, alors en pleine gloire, était situé rue Sainte-Catherine à l'angle de la rue Saint-André, et la troupe qui le servait comportait les plus beaux noms artistiques de ce temps-là. Son répertoire, à raison d'une pièce par semaine, se composait de mélodrames, de comédies dramatiques et de classiques français.

«En ce temps-là, de dire M. Barry, les artistes, vous savez, étaient considérés comme de véritables parias, à cause, sans doute, de plusieurs d'entre eux dont la conduite était quelque peu répréhensible. C'est pourquoi il y avait une certaine barrière entre le public et

H. Palmieri dans Van Skapenberg, du *Monde*.

L'Aiglon au Théâtre national français. M. Filion dans le rôle de Flambeau.

nous, barrière qui, de nos jours heureusement, n'existe pratiquement plus.

– Les jeunes débutants n'avaient pas la partie facile?

– Il faut dire qu'ils étaient moins bien préparés que de nos jours. Par contre, le théâtre offrait alors l'occasion inestimable de se parfaire sur le plan artistique. Car nous jouions par amour au sein d'une camaraderie vraiment stimulante et sous une très sévère discipline qui n'existent plus guère actuellement. Et nous étions là continuellement; car, pour un acteur, la scène c'est énorme, c'est tout! Nos jeunes, eux, ne jouent pas assez souvent…»

Les confidences de mon précieux interlocuteur se poursuivirent au fil et au gré de mes questions. Et c'est comme cela que j'appris que les artistes canadiens de cette époque pouvaient se comparer favorablement aux nombreux étrangers qui venaient déjà jouer chez nous.

«La preuve, révéla subitement Fred Barry, l'entreprenant Cazeneuve a fait tout ce qu'il a pu pour se débarrasser de Hamel!»

L'extraordinaire talent de Fred Barry a toujours été considéré comme un talent naturel, mais il avouait volontiers avoir été à l'école du Théâtre national.

C'est dans ce beau théâtre qu'il trouva des professeurs de grande valeur tels que J.-P. Filion, Elzéar Hamel et H. Palmieri, tous les trois reconnus comme les «Trois Mousquetaires en haut-de-forme du faubourg Québec». Filion, que nous donna Saint-Henri, connut une carrière de quelque trente années faites de gloire; quant à Hamel,

Harry Baur.

M. de Féraudy.

Raimu.

considéré comme le roi des troisièmes couteaux (terme du métier, *personnages de second plan*), il eut sur Barry une influence qui ne s'estompa jamais, et pour cause.

Profitant alors du sujet en cours, j'ai demandé à cet hôte généreux s'il avait eu la chance de connaître d'autres grands acteurs susceptibles d'influencer son métier…

Et là, il m'arrêta fermement d'un geste:

«Le *grand* comédien n'existe pas: il n'y a au contraire que des *bons* comédiens et "bon" est déjà beaucoup dire.»

Amusé par cette leçon d'humilité peu commune, je demande cette fois: «Et quels furent les "bons" que vous avez connus?»

«Mais ils étaient nombreux: que je vous cite à part le trio nommé, Jacques de Féraudy, Raimu (qu'il a connu), Harry Baur, etc.»

Comment, à vrai dire, se tromper au contact de pareil jugement qui, de la part d'un Fred Barry, prenait vraiment de plus rassurantes proportions?

L'hôtel de ville le ramène au théâtre!

Le rôle qu'il avait si magistralement tenu lors de l'inoubliable représentation du *Drapeau de Carillon* eut, en fait, des répercussions insoupçonnées sur sa future carrière d'acteur. Avec cette troupe d'amateurs, n'avait-il pas eu la chance inouïe d'avoir comme spectateur un personnage aussi important que sir Wilfrid Laurier? Pour sa part, le directeur du groupe, M. L.-N. Senécal, ancien secrétaire du comité exécutif de la Ville de Montréal et personnage très influent, n'avait pas été sans remarquer les dons extraordinaires de son jeune interprète. C'est pourquoi, lorsque quelque temps plus tard, Fred Barry, chômeur de 26 ans, s'adressa à lui pour décrocher un emploi de fonctionnaire à l'hôtel de ville, Senécal trouva préférable de le recommander plutôt à M. Dhavrol, alors directeur du Théâtre canadien-français. Fred entra donc dans ce difficile métier qu'il ne devait plus jamais abandonner. Ce qui lui permit, la saison suivante, de s'intégrer à la troupe du Chanteclerc.

Fred Barry fit une pause. On sentait qu'il éprouvait un certain plaisir à s'attarder plus longuement, comme

cela, dans son cher passé. Cette conscience professionnelle qui, de plus, le caractérisait depuis toujours, se
rebiffait à l'idée d'omettre la narration de quelque fait
important.

Une nouvelle cigarette entre les doigts, Barry plon-
gea son ardent regard dans la fumée qui s'en dégageait,
ne pouvant s'empêcher de rire en se rappelant la façon
assez cocasse qui lui permit de se joindre à la troupe du
Canadien.

Commentant cet à-côté de ses lointains débuts professionnels, M. Barry, avec son habituelle sincérité, ne
manqua pas de souligner à quel point il était difficile de
faire du théâtre en ce temps-là.

Il n'existait point d'école de théâtre et on n'employait
que les comédiens réputés, et français, de préférence.
Un jeune qui se présentait à un directeur sans recommandation était assuré d'être évincé du premier coup.
De plus, il fallait apprendre par cœur une pièce par semaine (cent pages de texte) et la jouer sans arrêt quatorze fois dans la même semaine. Inutile de dire qu'il
fallait au jeune postulant beaucoup de dons, de résis-
tance, de conviction et surtout… de feu sacré. Il avait
tout cela, notre grand Barry, et beaucoup plus d'atouts
encore.

Au Canadien, il eut tout d'abord la chance de toucher
vingt dollars par semaine. Après *Un cœur de Française*,
on lui confia un autre rôle, la semaine suivante, dans *Le
Chanteur des rues*, mais la troisième semaine, quelle ne
fut pas sa stupéfaction de ne pas voir son nom sur la

À la ville comme à la scène: Edgar Becman.

Paul Cazeneuve.

M. F. Dhavrol.

Germaine Vhéry.

liste de distribution affichée tous les lundis soirs dans le hall des loges! Un coup de fil au bon monsieur Senécal, puis tout rentra dans l'ordre. Car du coup, il se vit confier le rôle du jeune premier De Pontac du *Maître de Forge*, rôle qu'il joua auprès de son camarade Albert Duquesne. Son nom, depuis, ne fut plus jamais rayé du bulletin des distributions.

Après cette saison au Canadien, il fut engagé au Chanteclerc par le directeur Gauvreau, qui le fit ensuite débuter à Hull.

Pour ne pas trop s'éloigner de l'ère de ses débuts, le vieil acteur réveilla en nous le souvenir de ces inoubliables visages qui furent les obligeants témoins de sa carrière, et qui assistèrent à son essor.

Comment les nommer tous? Hamel, Filion, Palmieri, Dumestre, Germaine Vhéry, Marthe Devoyod, J.-R. Tremblay, Eugénie Verteuil, Pierre Arrel (devenu Pierre Durand), venu de Reims à titre de colonisateur, le Suisse Gustave Scheller, le grand Scheller, qui fut sûrement le plus bel acteur à venir à Montréal, ainsi que l'exquise Bella Ouellette, si belle, si naturelle et d'une simplicité tellement renversante… avec laquelle il vivra le plus ardent des romans d'amour.

Oui, tous ces gens, tous ces grands artistes firent tressaillir de leur talent de feu les murs du Canadien, que remplacent aujourd'hui certains froids magasins de la rue Sainte-Catherine.

Albert Duquesne.

Pierre Durand.

Marthe Devoyod.

M. J.-R. Tremblay, gérant du Palais royal de Québec.

Gustave Scheller.

Mme J.-R. Tremblay.

Des larmes à profusion pour trente-cinq cents!

L'acteur Frédéric Barry était définitivement lancé. Cette première saison passée au Canadien en avait fait, en très peu de temps, un acteur à la mode, sur qui déjà se posait l'admiration collective du grand public. À la fin de la saison, c'est-à-dire à l'été 1914, il quitta donc les rangs du Théâtre canadien-français pour entrer au Chanteclerc. Dirigé par Gauvreau, contrairement aux théâtres concurrents, le Chanteclerc servait alors de refuge aux comédiens sans travail ou sans gloire, et quelquefois aussi sans trop de talent. Comme cette salle était en pleins travaux de rénovation, Gauvreau engagea Barry afin de le déléguer à Ottawa, où il avait installé sa troupe du Chanteclerc. Barry y retrouva Palmieri ainsi que beaucoup d'autres camarades.

Dans le milieu artistique et théâtral, comme au sein du grand public, on parlait déjà beaucoup de ce jeune acteur, Fred Barry. Cette tête franche et si sympathique plut d'emblée. De plus, cet artiste apportait un naturel presque désarmant, un style très personnel et un instinct du théâtre qui ne peut tromper, parce que sans cesse attisé

Julien Daoust, fondateur
du Théâtre national.

L.F. Gauvreau, directeur entre autres de la
troupe Gauvreau, du Chanteclerc.

par les flammes d'un feu sacré inextinguible. Il n'en fallait pas plus pour conquérir le cœur des amateurs de théâtre.

En ce temps-là, plus que de nos jours peut-être, le postulant jouait son avenir en même temps qu'il se permettait de jouer un acte. Du coup, on l'acceptait ou on le rejetait à tout jamais. Barry passa donc l'épreuve haut la main.

Son nom brillait déjà parmi ceux qu'affichait chaque semaine la capricieuse marquise du Théâtre canadien-français, qui avait lancé ce jeune adepte un peu malgré lui, quand prit fin sa saison, au printemps de 1914.

Considéré comme un très important théâtre, le Chanteclerc jouait le répertoire français au même titre que les autres salles existantes: les Nouveautés, le National, le Family, le Canadien-Français, etc., autant de salles permanentes qui fonctionnaient à guichets fermés sept jours par semaine, à raison d'une pièce tous les sept jours. Oui, il fut un temps, comment y croire, où le théâtre était fort rentable à Montréal.

Barry, qui avait le talent, la gloire, mais non le travail, y fut donc admis par la grande porte. Mais puisque la salle en question faisait peau neuve tant à l'intérieur qu'à l'extérieur, on dut fermer temporairement ses portes. C'est pourquoi le directeur Gauvreau délégua Barry à Hull, où sa troupe jouait au Théâtre de l'Odéon. C'est donc là que Fred Barry débuta, avec ses nouveaux camarades de la troupe du Chanteclerc. C'est aussi là qu'il se lia avec Palmieri, qui devint un camarade précieux et un ami que seule la mort put lui ravir. Les deux artistes avaient l'un pour l'autre une admiration mutuelle et sans bornes.

À cet effet, qu'il nous soit permis de tirer des *Souvenirs* de Palmieri, livre qu'il publia en 1944, quelques années avant sa mort, l'extrait suivant:

«Ce fut vers cette année 1914, si j'ai bonne mémoire, bonne souvenance, si Mnémosyne me protège, si j'ai bonne réminiscence, si je me souviens, si je me rappelle, que j'ai fait la connaissance de mon ami Fred Barry, aujourd'hui un as de la scène canadienne-française. Nous étions en tournée à Hull, pendant que le Chanteclerc faisait peau neuve comme le serpent du paradis perdu. Le beau, le fringant, le noble, l'élégant, le svelte, le talentueux, l'aimable, le consciencieux, le gracieux, le souriant, le noctambule, le jeune Barry faisait partie de notre troupe. Nous passâmes quatre semaines à Hull, où nous jouions au Théâtre de l'Odéon. Un succès phénoménal couronna cette tournée et le jeune Barry en revint couvert de gloire, mais les profondes (ce qui signifie "les poches") à peu près vides…»

Outre le bon Palmieri, la troupe du Chanteclerc, qui pour les besoins de la cause joua à l'Odéon de Hull plusieurs semaines, comprenait, entre autres, des noms aussi vernis que ceux de Bella Ouellette, Villeraie, Gustave Scheller, Eugénie Verteuil, Fanny et J.-R. Tremblay, etc. On y jouait surtout des… mélodrames avec larmes à profusion.

Le théâtre se portait bien. Grâce au public surtout, mais aussi aux acteurs qui se donnaient corps et âme pour le satisfaire, qui réclamait surtout des pièces à costumes et de cape et d'épée, huit fois sur dix. Une pièce était censée plaire si ses tableaux comprenaient une forêt, un salon, une prison ou une grande salle. Ça ne ratait jamais! Une saison ordinaire durait de septembre à mai, à raison d'une pièce par semaine (quatorze représentations), laquelle prenait l'affiche chaque lundi soir alors que les bonnes places se vendaient trente-cinq cents.

On le nomme directeur
à cinquante pour cent

Son séjour à Hull avait donc rapporté à la troupe du
Chanteclerc un succès pour le moins retentissant. Chacune des pièces avait été un triomphe et si les camarades de Fred Barry furent acclamés, lui-même fut
particulièrement ovationné. Et c'est sur cette note
joyeuse que la troupe réintégra ses murs montréalais.

Complètement rénovée, la petite salle de la rue Saint-
Denis offrait un aspect vraiment accueillant. De nouvelles ou d'anciennes pièces furent mises à l'affiche et
le grand public prouva une fois de plus son amour du
théâtre et sa fidélité envers ses comédiens, en venant
nombreux et régulièrement les applaudir. En ce temps-
là, ce qu'on appelle encore de nos jours les «billets de
saison», étaient très populaires.

Le Chanteclerc connut d'autres brillantes saisons qui
ne sont pas les moindres à figurer dans le grand livre
des souvenirs de la petite histoire du théâtre au Canada.

Le grand nombre des théâtres de Montréal des années 10 avait ceci d'excellent qu'elle permettait aux
comédiens, l'échec ou le chômage venus, de ne pas rester

Bella Ouellette, dans le rôle de Jeanne d'Arc.

le FILM   MONTREAL, OCTOBRE 1924

Au théâtre Canadien-Français de Montréal

Rangée du haut, de gauche à droite: M. GODEAU; M. SYLVIO, propriétaire; M. FRED BARRY.
Rangée du bas: Mesdemoiselles GERMAINE GIROUX, MARTHE THIERY,
Mesdames BELLA OUELLETTE et VERTEUIL.

Rangée du haut, de gauche à droite: M. Godeau; M. Sylvio, propriétaire; M. Fred Barry. Rangée du bas: Mesdemoiselles Germaine Giroux, Marthe Thiery, Mesdames Bella Ouellette et Verteuil.

61

Rose Rey-Duzil.

Blanche Gauthier.

Alex Desmarteaux, chanteur populaire.

trop longtemps sans travail. Et les mieux lotis avaient souvent le choix devant la multiplicité des offres.

Ainsi, quand le regretté Julien Daoust, dont la carrière fut également fort remarquable, prit la direction du Théâtre canadien-français, il s'empressa d'y afficher l'ami Fred Barry.

Barry, faut-il le préciser, éprouva un certain plaisir et une grande émotion, quelques années plus tard, à revenir ainsi dans le théâtre qui avait été le témoin de ses premiers succès professionnels, grandi, amélioré, plus que jamais convaincu et déjà visé par la gloire.

La troupe que forma alors Daoust était constituée presque entièrement des mêmes comédiens que celle du Chanteclerc: Bella Ouellette, Villeraie, Palmieri, Scheller, Verteuil, les Tremblay…

Le Canadien suivait encore la politique des scènes de l'époque en présentant des pièces de cape et d'épée et de nombreux mélodrames.

Puisant à même le vaste répertoire des pièces françaises, on fit un succès, disons, flamboyant, avec *Le Chemin des larmes*, dans laquelle Germaine Giroux, enfant, jouait un rôle de petit garçon. Comment oublier ces années, ces belles années?

Quand la saison finissait, c'est-à-dire vers la fin du mois de mai, diverses troupes se constituaient et partaient en tournée à travers la province et souvent hors des frontières.

Barry et ses camarades prirent souvent part à ces tournées, quoique leur ville de prédilection restât toujours

Québec. Parlant du public de Québec, tous les comédiens du temps, comme Fred Barry, par exemple, vous diront: «Quel bon et compréhensif public!»

Durant quatre semaines, la troupe à laquelle appartenait Barry prenait l'affiche au Princess ou à l'Impérial pour récolter de nouveaux succès et des cachets bien mérités qui lui permettaient de vivre assez grassement. Au sein de cette troupe québécoise, d'autres noms connus figuraient: Blanche Gauthier, Albert Duquesne, Alex Desmarteaux, etc.

Un tempérament de la trempe de Barry se devait, tôt ou tard, de sortir des rangs afin de briller au premier plan. Il y avait en lui une autorité, un instinct, un entregent susceptibles d'accomplir de belles et grandes choses.

Agressif et homme d'affaires, il offrait de plus toutes les qualités du directeur accompli. Point étonnant alors que de simple acteur il devînt un directeur de troupe, honoré et compétent.

Ce fait, qui devait énormément compter dans tout le reste de sa carrière, se produisit à Québec. Un certain M. Drapeau qui vouait à Barry une admiration et une confiance sans bornes, lui offrit, un jour de 1918, la direction de son théâtre aux conditions de cinquante pour cent. Comme on le sait, en langage de théâtre, cinquante pour cent signifie que la troupe recevrait cinquante pour cent ou la moitié des recettes, tout en étant aussi responsable de la baisse des recettes si elle se produisait.

La grippe espagnole
et le feu ferment son théâtre

À partir de 1918, Frédéric Barry quitta pour toujours le statut de simple acteur pour devenir directeur de troupes théâtrales. On sait maintenant à quel point ce nouvel emploi devait lui réussir en favorisant sa féconde carrière. Incité par le propriétaire du Théâtre Impérial de Québec, M. Drapeau, Barry en prit la direction artistique en formant une troupe avec les meilleurs acteurs de l'époque. De magnifiques pièces, dont des œuvres canadiennes d'Armand Leclaire, furent mises à l'affiche. Le bon public québécois leur réserva un accueil des plus enthousiastes. Mais, par malchance, la grippe espagnole, qui fit alors tant de ravages, l'obligea à fermer le théâtre pour quelques mois, brisant ainsi en plein élan le beau succès de cette troupe d'élite. Cette dernière revint à Montréal, où elle s'installa au Family de Sainte-Cunégonde. L'incendie de l'hôtel Saint-Roch de Québec et la formation de deux troupes distinctes, vers 1920 et 1921, marquèrent aussi considérablement la carrière de ce grand apôtre du théâtre canadien: on le verra plus tard.

Wilfrid Villeraie, comédien.

Armand Leclaire, acteur et auteur
dramatique.

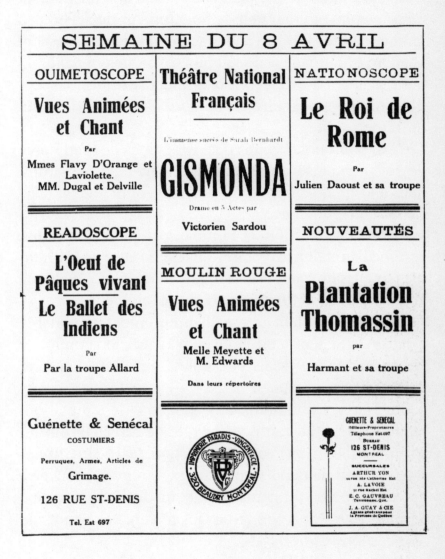

SEMAINE DU 8 AVRIL

OUIMETOSCOPE

Vues Animées et Chant

Par

Mmes Flavy D'Orange et Laviolette.
MM. Dugal et Delville

READOSCOPE

L'Oeuf de Pâques vivant
Le Ballet des Indiens

Par

Par la troupe Allard

Guénette & Senécal

COSTUMIERS

Perruques, Armes, Articles de Grimage.

126 RUE ST-DENIS

Tel. Est 697

Théâtre National Français

L'immense succès de Sarah Bernhardt

GISMONDA

Drame en 5 Actes par

Victorien Sardou

MOULIN ROUGE

Vues Animées et Chant

Melle Meyette et M. Edwards

Dans leurs répertoires

NATIONOSCOPE

Le Roi de Rome

Par

Julien Daoust et sa troupe

NOUVEAUTÉS

La Plantation Thomassin

par

Harmant et sa troupe

GUENETTE & SENECAL
Éditeurs-Propriétaires
Téléphone Est 697
BUREAU
126 ST-DENIS
MONTREAL

SUCCURSALES
ARTHUR YON
 rue Ste-Catherine Est
A. LAVOIE
 rue Rachel Est
E. C. GAUVREAU
Terrebonne, Qué.
J. A. GUAY & CIE
Agents généraux pour
la Province de Québec

Il est difficile de trancher dans pareil amoncellement de souvenirs ouvrant tant de fenêtres, sur une époque à jamais enfuie. Car devant chacune d'elles se dressent soudain une image, une silhouette, un personnage, un nom… autant d'évocations bien attendrissantes, susceptibles d'apporter à chacun de nous l'élément d'intérêt qu'il recherche.

C'est pourquoi chacune des révélations de Fred Barry devient précieuse, en ce sens qu'elle nous sert à fouiller dans une époque méconnue, afin de la faire revivre dans toute sa magnificence.

J'avais devant moi cet homme, ce «petit Canayen», comme il aimait à le préciser lui-même avec un inimitable bagou, qui, hanté par la magie du théâtre, s'y donna corps et âme à la fin même de son adolescence.

L'année 1914 demeura malheureusement inoubliable à cause de la guerre qui bouleversa l'Ancien comme le Nouveau Monde. Mais elle donna aux Canadiens cet extraordinaire acteur.

Car Barry, les témoins de l'époque et le temps l'ont bien prouvé, était fait pour ce rôle de directeur qui lui seyait parfaitement. Sous sa direction, le Théâtre Impérial de Québec connut deux années d'immenses succès, grâce au public qui permit aux comédiens de la troupe de Fred Barry de vivre là-bas les plus belles heures de leur carrière.

Nous savons déjà que tous ces comédiens devaient jouer tous les jours à raison d'une nouvelle pièce par semaine, qu'ils devaient répéter la nuit. Mais, reste à

Aurore Alys, veuve de l'artiste Armand Leclaire, décéda au mois de janvier 1943 à l'âge de 48 ans. À la radio, elle créa le rôle de la belle Angélique dans *Un homme et son péché,* de Claude-Henri Grignon, une réalisation signée Guy Mauffette.

Raoul Léry.

savoir comment le directeur s'y prenait pour choisir ces pièces susceptibles de plaire au public.

«Évidemment, il était permis de se tromper et la chose m'est arrivée quelquefois. Mais généralement, on "frappait" juste. Tout d'abord, le public demandait des pièces à costumes huit fois sur dix, avec intrigue dramatique, si possible. À cette époque, je fréquentais l'ami Victor Grenier, ce célèbre libraire de la rue Notre-Dame Ouest, qui me fournissait des pièces superbes. Quant aux costumes, chez Ponton, on était littéralement bien servis.»

Ne restait plus alors qu'à monter ces pièces.

«Ce qui était relativement facile avec l'expérience des comédiens et le grand choix de décors mis à notre disposition. Chacune des pièces était montée avec accompagnement d'un orchestre de douze musiciens. Comme vous voyez, on faisait les choses en grand. Ensuite, il fallait attendre le soir de la *première*.»

Il serait évidemment oiseux de tenter de dresser ici la liste des titres des pièces présentées, de même que les noms de leurs auteurs, mais on ne peut toutefois passer sous silence la contribution du regretté Armand Leclaire, beau-frère de Bella Ouellette, qui fut l'un de nos tout premiers dramaturges canadiens-français. Ses drames, nombreux et populaires, furent présentés à maintes reprises au cours de ces saisons théâtrales sous la direction de Fred Barry, tant à Montréal et Québec qu'en province.

Deux captivantes actrices divisent la troupe

Quand ils jouaient à Québec, ce qui tout de même se produisait assez fréquemment, plusieurs fois par année, Barry et quelques-uns de ses camarades, tous membres de la même troupe du Théâtre Impérial, avaient l'habitude de descendre à l'hôtel Saint-Roch. C'est donc pour cette raison que Fred, pour sa part, perdit une grande partie de ses souvenirs quand l'incendie ravagea l'hôtel.

Commentant l'événement, il m'expliqua, quelque peu badin:

«Oui, tout ce que je possédais alors comme souvenirs de théâtre – publicité, coupures de journaux, programmes, affiches, costumes, photos… périrent, alors c'est pourquoi, cher monsieur, je ne peux vous fournir ici que très peu de documentation matérielle sur mes premières années de théâtre.»

Deux éléments, une épidémie de grippe contagieuse et un violent incendie, quand ils vous frappent de la sorte coup sur coup, font soudain figure de véritables fléaux. Ils portèrent, on s'en doute bien, un terrible coup à la troupe de notre ami.

Bella Ouellette.

Jeanne Demons.

Perte de cachets, de costumes, d'énergies et d'enthousiasme… dépenses superflues, retour imprévu à Montréal et réinstallation précipitée n'étaient certes pas de nature à ragaillardir cette troupe, arrêtée en plein élan.

Mais ces comédiens n'étaient pas les enfants choyés d'aujourd'hui, et la plupart en avaient vu bien d'autres. Tant et si bien qu'ils se retrouvèrent tous à Montréal, prêts à tenter de nouveau l'aventure en dépit de tous les incendies et de toutes les grippes espagnoles du monde, pourvu que la camaraderie fût de la partie, la pièce bonne et le public présent…

Toujours dirigés par Fred Barry, les comédiens de la troupe de l'Impérial s'installèrent de nouveau au Family, petit théâtre de la rue Notre-Dame Ouest, à Sainte-Cunégonde. Elle connut de nouveaux succès au cours de saisons vraiment florissantes avec des pièces en or, des pièces acclamées par le public et dans lesquelles Barry était roi: *La Dame aux camélias*, *La Dame de chez Maxim's*, *Le Maître de forge*… et tant d'autres encore.

Les spectateurs de l'époque applaudissaient le brillant comédien que fut Fred Barry, celui qui, par son talent charmeur, son jeu naturel et sa voix dramatique, semait autour de lui l'émotion et soulevait l'admiration de la salle tout entière à chaque baisser de rideau.

Le succès était si grand que la troupe Barry, ne pouvant être à la fois à Québec et Montréal, dut trouver une solution pratique afin de ne pas décevoir ses deux publics.

Selon ses camarades, Fred Barry, cas assez unique dans ce domaine, n'était pas seulement un artiste, mais un véritable homme d'affaires, qui voyait loin et juste et dont les décisions s'avéraient toujours des plus heureuses. Il eut donc la géniale idée de diviser sa troupe en deux en donnant à chacune des parties le nom de ses deux plus captivantes actrices. C'est ainsi que les troupes Bella Ouellette et Jeanne Demons virent le jour. La première jouait les drames et la seconde les comédies dramatiques, alors que toutes les deux alternaient à Québec et à Montréal.

La troupe Bella Ouellette avait donc à son répertoire des pièces spécifiquement de genre dramatique et pour les jouer, des comédiens comme Fred Barry, Albert Duquesne, Armand Leclaire, Alex Desmarteaux, Blanche Gauthier, Aurore Alys, etc. Elle présentait ses spectacles au Family durant six semaines, avant de prendre la relève à l'Impérial de Québec pour six autres semaines consécutives.

Quant à la troupe Jeanne Demons, elle procédait de la même façon, mais avec des comédies dramatiques. Pour interpréter les pièces, on faisait appel à des comédiens tels que Maurice Pelletier (le mari de Jeanne Demons), Palmieri, Raoul Léry, Henri Poitras, Antoinette Giroux, Eugénie Verteuil, Jean Delbieux, etc.

Spectateur à Paris... acteur à Bruxelles

Après 1920, le monde du théâtre fut quelque peu ébranlé mais tenait toujours grâce à de nouveaux efforts et au courage de quelques-uns des plus actifs comédiens. Fred Barry et les siens continuaient à servir leur cause avec cette autorité qui devait à jamais souligner leur renommée. Presque sans arrêt, ils jouaient d'un théâtre à l'autre. Quand la troupe n'était pas à Québec, elle jouait à Montréal et quand elle n'était pas à Montréal, elle se produisait dans les villes environnantes. Vers 1923, le National perdit peu à peu de son prestige premier et plusieurs acteurs se retrouvèrent sans emploi. Un genre nouveau fit son apparition: celui des revues. Barry et Duquesne, en 1925, entreprirent leur premier voyage en Europe.

Mises sur pied par le directeur Fred Barry, les deux troupes – Bella Ouellette et Jeanne Demons – connurent donc près de quatre années de francs succès, tant à l'Impérial de Québec qu'au Family de Montréal, leur port d'attache.

Mais à compter de 1920, toutefois, la florissante santé du théâtre canadien fut soudainement atteinte d'un mal dont on ne put toutefois analyser les conséquences sur-le-champ. Déjà à cette époque, le Théâtre national, si bien portant jusque-là, commença à perdre graduellement de son prestige. Tant et si bien qu'un grand nombre de comédiens moins populaires, et par conséquent moins fortunés, durent redoubler d'adresse pour décrocher des emplois ici ou là. Quant aux autres... La crise du théâtre, menaçante, ne plongerait-elle pas ce dernier dans une nouvelle phase de son histoire?

C'est alors que se levèrent deux chefs pour sauver, à tout prix, le *théâtre*: faut-il les nommer encore – notre vaillant et admirable Fred Barry et son non moins qualifié confrère, le regretté Albert Duquesne. Chefs de troupes, meneurs de première force, travailleurs acharnés, comédiens-nés et serviteurs de l'art dramatique et théâtral convaincus, ils firent face à la situation avec des résultats admirables.

Les troupes de Barry, sous leur agressive poussée, jouèrent pour ainsi dire sans arrêt, d'un théâtre à l'autre et d'une ville à une autre. Il fut un temps aussi, toujours vers cette même vieille et chère époque, où toutes les fins de semaine, elles jouèrent dans les villes environnantes: Trois-Rivières, Joliette, Sorel, Victoriaville, Shawinigan, etc., pour revenir, le lundi, reprendre le bouclier afin de faire les «semaines» du Saint-Denis.

Ce théâtre de la rue Saint-Denis connut lui aussi ses jours glorieux. Car un autre brave type, pour qui le théâtre

M. JOS. CARDINAL

présente pour la semaine commençant dimanche le 27 mai 1928
(Matinée et soirée tous les jours.)

Le Mortel Baiser

Drame en 4 actes de Loïe Le Gouriadec

PERSONNAGES

Docteur Jean Monroy	MM. F. DURAND	Jimmy	A. LECLAIRE
Raymond Lavery	R. LERY	Cécile Desbiens	Mmes MARTHE THIERY
Théophraste Lavery	A. DUQUESNE	Madame Desbiens	BELLA OUELLETTE
Maximien Desbiens	F. BARRY	Aline	JEANNE DEMONS
Abbé Tessier	V. OUELLETTE	Rose	JEANNE DESLAURIERS
Vernet	A. DEYGLUN	Clara	AURORE ALYS

1er ACTE. — Un jardin d'un hôtel de famille au bord de la mer.
2ème ACTE. — (Deux mois après). Le cabinet du docteur Monroy.
3ème ACTE. — Un salon chez les Desbiens.
4ème ACTE. — (Deux ans après). Chez le docteur Monroy.

MISE EN SCENE DE RAOUL LERY

Les abats-jour utilisés sur la scène sont fournis par Mme Ida Bédard, 1425, rue Panet

---

ADMINISTRATION DU THEATRE SAINT-DENIS

M. JOS. CARDINAL	Directeur-Propriétaire	M. A. GODEAU	Régisseur
M. RAOUL RICKNER	Administrateur	M. EUGENE BASTIEN	Chef d'Orchestre
LA PUBLICITE CANADIENNE	Agents de Publicité	M. HENRI DELORME	Chef machiniste électricien
M. RAOUL LERY	Directeur-Artistique	M. CHARLES PHILIPPE	Chef accessoiriste
	M. WILBROD LANCTOT	Chef du personnel	

AVIS AUX AMATEURS DE THEATRE

Organisateurs de soirées théâtrales, Impressario, Cercle d'amateurs, peuvent se procurer les décors, accessoires, appareils électriques, pour effets de lumières, et tout le nécessaire à la mise en scène d'un théâtre. Ouvrage garanti fait par des experts et membres de l'Union Nationale des Employés de Théâtres. Pour toute information, adressez-vous à M. Henri Delorme, Théâtre Saint-Denis. Nous prenons aussi des contrats pour posage d'affiches et distribution de circulaires.

RECUEIL DES CHANSONS ET MONOLOGUES DE

ENVOYE DONC!

REVUE EN 2 ACTES ET 8 TABLEAUX PAR PAUL GURY

COMPERE :

H
E
C
T
O
R

P
E
L
L
E
R
I
N

COMMERE:

S
I
M
O
N
E

R
O
B
E
R
V
A
L

PAUL GURY

Représentée pour la première fois au

THEATRE CANADIEN FRANCAIS

(Théâtre du Peuple)   Alex. Sylvio, Dir.-Prop.

Le 4 Décembre 1922   Mise en scène de l'Auteur

NOTA: Chanteuse et comédienne, Simone Roberval a été la populaire vedette des revues de Paul Gury au beau temps du National.

en 1919

ÇA BAT 4

Revue
Canadienne

en 2 Actes et 8 Tableaux

de

PAUL GURY

Représentée pour la 1ère fois
le 21 Avril au Théâtre Canadien-Français.

Direction: M. CASTEL.—Mise en scène par l'Auteur.

AS!!

Mr PAUL GURY

Pour un **Pont en Or solide** et un **Bon Dentier durable**
CONSULTEZ LE

Docteur L. Archambault

Diplomé de Montréal et Chicago.

Le dentiste de la plus grande renommée depuis 15 ans.

Prix raisonnables. **Satisfaction Garantie.**

Traitement des dents les plus sensibles sans aucune douleur.

1183 -- RUE ST-DENIS -- 1183

Un seul bureau.—Pour une visite, Téléphone St-Louis 860.   *Une porte avant la rue Mont-Royal*

SEMAINE DU 7 DECEMBRE 1925

SCANDALES

Revue en deux actes et vingt-cinq tableaux
par ALEX. SYLVIO

Programme

PREMIERE PARTIE

1er TABLEAU
M. René Darmor
Mlle Jane Max.

2ième TABLEAU
MM. R. Darmor, P. Durand, R. Valeur, G. Dauriac, H. Pellerin, G. St-Jacques, A. Leclaire.
Mmes J. Max, R. Rey-Duzil, A. Alys, L. Arlette, Bella Ouellette, J. R. Tremblay.

3ième TABLEAU
M. Fred Barry
Mme Aurore Alys.

4ième TABLEAU
Le Recorder .... MM. G. Dauriac
Le constable .... R. Valeur
Ti-Noir Leblanc ... A. Leclaire
Herménégilde ...... H. Pellerin
La plaignante
.... Mme J. R. Tremblay

5ième TABLEAU
M. Gaston Saint-Jacques
Les Danseuses

6ième TABLEAU
Le caissier ..... MM. F. Barry
Un voyageur ...... G. Dauriac
Un voyageur ...... H. Pellerin
Bell-Boy ...... Petite Soulier
Une femme .... Mmes L. Arlette
Une femme .... A. Alys

7ième TABLEAU
Madame Rey-Duzil.

8ième TABLEAU
Mlle URILDA-ULIVIERI,
Danseuse de Genre
de New-York.

9ième TABLEAU
M. Hector Pellerin.

10ième TABLEAU
Le maire ..... MM. R. Valeur
Le porteur de glace ... F. Barry
L'Indou .... P. Durand
La Nurse ... Mme Bella Ouellette

11ième TABLEAU
MM. René Darmor
Hector Pellerin
Gaston St-Jacques.

12ième TABLEAU
M. Surprenant ... MM. F. Barry
Boisvert .... A. Leclaire
Mme Surprenant
.... Mme J. R. Tremblay

13ième TABLEAU
Mme J. R. Tremblay.

14ième TABLEAU
M. Surprenant .... M. F. Barry
Mme Surprenant
.... Mme J. R. Tremblay
Le Français .... MM. R. Darmor
l'Anglais .... G. Dauriac
l'Allemand .... P. Durand
l'Italien .... R. Valeur
1er Canadien ..... H. Pellerin
2ième Canadien ... G. St-Jacques
L'huissier .... A. Leclaire
Le Canada ... Mme Bella Ouellette
La province de :
Québec .... A. Alys
Ontario .... R. Rey-Duzil
Nouveau-Brunswick ... J. Max
Colombie Anglaise .. L. Arlette
Yukon .... Petite Soulier
Nouvelle Ecosse ... Danseuse
Manitoba .... Danseuse
Prince-Edouard ... Danseuse
Alberta .... Danseuse
Saskatchewan .... Danseuse

ENTR'ACTE SURPRISE

La suite du programme est à la page dix-huit.

PROGRAMMES DE NOS THEATRES, SEMAINE DU 11 OCTOBRE 1909

COMÉDIE FRANÇAISE
(ACADEMY OF MUSIC)
DIRECTION PAUL MARCEL

ARSENE LUPIN

DISTRIBUTION :

Sonia	MMmes Ritter
Germaine	Roussillon
Victoire	Schuler
Jeanne	Kosta
Marie	Delaunay
Irma	Giruel
Le Duc	MM. Paul Marcel
Guerchaud	Cosset
Gournay-Martin	Rouvières
Le juge	Alazet
Charolais, père	Fleury
Bernard Charolais	Fichel
Bourein	Frances
Firmin	Darcy
Bonavent	May
Jean	Haimay
Le greffier	Gasse

Représentation tous les soirs à 8¼ hrs p. m.
Matinée à 2¼ hrs p.m. le Mercredi et le Samedi

PRIX : 25c, 50c, 75c, $1.00, $1.50, $2.00
Loges entières $7.50, $9.00, $10 00, $12.00

THÉÂTRE NATIONAL
DIRECTION G. GAUVREAU

L'empreinte du Crime
(Les cinq doigts de Birouk)

DISTRIBUTION :

Jeanne Darras	MMmes Servany
Savine Darras	MMmes Meurville
Madeleine	Marioli
Manette	Malone
Mme Giraud	Allicita
Ursule	Sorel
Mme Paturot	Lebrun
Birouk	MM. Person-Dumaine
Pierre Darras	Filion
Etienne Darras	Palmiéri
Le comte de Lansfeld	Hamel
Patrice	Valhubert
Robert	Mallet
Sylvain	Leurs
M. Caperon	Durand
Le Capitaine d'Arlheims	Cury
Jollibois	Pagny
Le Cabaretier	Hervé
Le Sernurier	Baret
Un sous-officier	Boissonnière

MATINÉE TOUS LES JOURS
Le spectacle commence à 2¼ hrs et 8¼ hrs p.m.
PRIX : SOIREE 10c, 25c, 35c, 40c, 50c, 60c, 75c
MATINEE 10c, 25c, 50c, 6c

Théâtre Populaire (Quebec)
DIRECTION JULIEN DAOUST

Le Petit Jacques

DISTRIBUTION :

Jeanne-Marie	MMmes Marthe Devoyod
Céci e	Bella Ouellette
La Comtesse	Miral
La mère Ropiquet	J. R. Tremblay
Le Petit Jacques	Rose Alma
Pierre Girard	MM. Jean Guirand
Roversie	L. Petitjean
Lavernie	Ed. Daoust
Georges	J. R. Tremblay
Polyte Louchon	W. Villenie
Dr Edwards	H. Meusson
Masinisera	A. Tremblay
Mathuret	Miral
Un Brigadier	Debeaujour
Un Juge	Ed. Vincent
François	A. Beaulieu
Le Bourreau	Latour

Représentation tous les soirs à 8¼ hrs.
Matinée : MARDI-JEUDI-SAMEDI à 2¼ hrs.

PRIX : SOIREE 10c, 20c, 30c, 40c, 50c
MATINEE 10c, 20c, 30c, 40c,

NATIONOSCOPE
DIRECTION GAUVREAU ET LAROSE

Brigands par amour
Operette en un Acte

DISTRIBUTION :

Aménaïde	MMmes Verteuil
Ernestine	Rhéa Harmant
Ménardier (rentier)	MM. Soubier
Baudruchard (boucher)	Harmant
Alfred Visuneur	Genier

EDWARDS (Chansons Illustrées)

7000 Pieds de Vues
ET
3 NOUVELLES ATTRACTIONS
DE NEW-YORK

MATINEE TOUS LES JOURS
PRIX : SOIREE - 10c, 15c, 25c, 35c, 50c
MATINEE - 10c, 15c, 25c, 35c

NOUVEAUTÉS
DIRECTION DEMERS ET MONTESANO

Trois Dames et un Valet
Comedie en un Acte

DISTRIBUTION :

Polydore Gargamelle	D. Dubuisson
Hector de Pontagnac	H. Rolland
Arsène Mirandol	R. Devarenne
Jeannine Touchemoille	Mme Dubuisson
Justine	Mme Devarennes

Duo Comique par M. et Mme
DUBUISSON

Chansonnettes Comiques par
R. DE VARENNES

6000 PIEDS DE VUES

Matinée et Soirée tous les jours.
Soirées de Gala Mardi et Jeudi

OUIMETOSCOPE
DIRECTION L. E. OUIMET

Les DELVILLE
Dans leur Répertoire de Chansons
et Monologues Bouffes.

BERT MASON dans ses chansons Anglaises

Films d'Art de la Maison Pathé
Frères de Paris.

Films Artistiques de la "Biograph
Company" de New-York.

Les Vues les plus Nouvelles

Le programme change par moitié chaque jour,
donnant ainsi un spectacle entièrement nouveau tous
les deux jours.

Représentation continuelle de 1 h p.m.
à 11 hrs p.m.
PRIX POPULAIRES 5 et 10 cts

Théâtre Canadien-Français

Fred Lombard et Charles Schauten, dir.-props.   Tél. Est 5219

RECUEIL DES CHANSONS DE

MELI-MELO

Revue en 19 scènes et 2 actes
de PAUL GURY

M. FRED LOMBARD   M. CHARLES SCHAUTEN

Les chapeaux Duclos sont portés par les
∴   principaux artistes du théâtre   ∴

IMPRIMERIE ST-HENRI, 1884 Notre-Dame Ouest, Tél. West. 5744

Henry Letondal.

M. Lombard, du Théâtre national français.

M. Juliany, de la troupe Gauvreau.

Paul Gury.

avait un sens tout particulier, avait surgi de l'ombre, et ce regretté adepte n'était nul autre que Jos Cardinal. Ce dernier, à la direction du Saint-Denis, s'efforça tant qu'il le put et jusqu'à la dernière minute de servir le théâtre, en montant des spectacles à grands déploiements scéniques dont faisaient partie les artistes les plus en vue. Administrateur averti, M. Cardinal ne manqua pas de faire appel à Barry, qui, à son tour, récolta au Saint-Denis de nouveaux lauriers. L'histoire, la belle histoire, continuait de s'écrire…

Mais plusieurs salles avaient quand même ralenti leurs activités, beaucoup même, avaient fermé leurs portes. Toutes en étaient à un tournant. Alors surgit un groupe de revuistes qui profitèrent de l'occasion pour créer une nouvelle mode qui, précisément, fit fureur: celle des revues d'actualité. Pour les écrire: Gury, Letondal, Béraud, Deyglun, Langlois, Léry, Lombard, Desmarteaux, etc. Quittant le mélodrame et le drame, tous les comédiens, cités ou pas, exploitèrent cette nouvelle veine, mettant de la sorte leurs talents variés et leur souplesse en relief. Personne, au fait, n'y perdait au change, puisque le public affluait et que le rideau pouvait, sur des salles pleines à craquer, se lever et redescendre tous les soirs. Barry et ses condisciples animèrent un grand nombre de ces revues.

Dans la vie comme dans la carrière artistique de l'unique Fred Barry, l'année 1925 devait quelque peu faire époque. En effet, c'est au cours de cette année qu'il eut l'occasion de découvrir et de visiter l'Europe pour la première fois. On peut aisément s'imaginer ce que pouvait être, en 1925, pour un jeune Canadien, un départ pour l'Europe: le pays lointain, la longue traversée, le navire incertain… toute une aventure particulière qui faisait du voyageur, un aventurier inhabituel.

Toujours avec son bel esprit artistique, toujours pour mieux servir le théâtre, Barry s'embarqua donc, un beau jour de 1925, en compagnie de son ami Albert Duquesne pour un voyage en Europe qui dura trois mois. Et c'est au cours de ce séjour qu'il découvrit les théâtres de Paris et la Comédie-Française (en spectateur), qu'il eut même l'occasion de jouer à Bruxelles.

Paris lui fait découvrir le théâtre une deuxième fois!

Nous retrouvons donc l'ami Barry en plein Paris. L'acteur canadien qui portait déjà à l'époque le titre de directeur de troupes théâtrales, profita donc du séjour pour visiter le plus de théâtres possible. En l'espace de quelques semaines, il eut l'occasion de voir des dizaines de pièces dont plusieurs allaient avoir sur lui une influence considérable. Ne devait-il pas au retour fonder le fameux et célèbre Stella? Au cours de ce mémorable voyage, Fred Barry fit même de la figuration à Bruxelles, dans une pièce de son ami Paul Gury.

Voici ce jeune acteur canadien, riche d'un tempérament artistique à fleur de peau et ouvert à tous les sujets de culture intérieure imaginables. Jusqu'à ce jour, il n'a vécu que pour le théâtre en lui donnant le meilleur de lui-même. Déjà, il est passé maître dans son art, sans point de repère, sans point de comparaison, avec peu de connaissances de base, tellement seul avec sa sensibilité.

De lui-même, le théâtre a tout pris, tout vidé et ce que Fred a trouvé en retour: l'exemple de quelques parvenus autour de lui et les quelques pâles lumières des trop rares marquises des salles montréalaises. Et voilà que Paris va lui donner d'abondance tout ce que son art réclame pour survivre et se parfaire.

À peine débarqué à Paris, ce fut donc la ruée vers les grands et petits théâtres. Et le Paris de 1925 était alors généreux et glorieusement lumineux.

Songeant à ce souvenir lointain, mon digne interlocuteur ne peut s'empêcher de sourire en me déclarant qu'il «s'empiffra» de pièces de théâtre, comme ces enfants affamés à qui on présente des choux à la crème.

Lui et le regretté Albert Duquesne, durant plus de trois mois, sans relâche, allèrent au théâtre tous les jours, parfois deux fois par jour, se constituant de la sorte un bagage de connaissances fort précieux. Quelle enrichissante documentation! Ce trésor spirituel, en un champ si fertile, ne se perdit jamais.

Passionné par le sujet, je demande soudain à Fred Barry de me parler de quelques-uns de ces spectacles, histoire de faire des comparaisons.

Peu surpris d'une telle requête, le brave doyen, toujours à l'aide de sa prodigieuse mémoire, me projeta soudain en pleine Comédie-Française.

Avec lui, par la pensée, je quittai un moment la rue Saint-André pour remonter un petit moment l'avenue de l'Opéra, afin de déboucher place du Théâtre-Français. Soudain, la sympathique vieille maison de Molière se dresse devant nous avec ses anciens étages et son entrée ornée de bustes célèbres.

André Lefaur.

André Luguet.

Elvire Popesco, Jules Berry et Victor Boucher.

Ce pèlerinage lui permit de revoir la scène s'éclairer de nouveau sur *L'École des cocottes,* si hautement défendue par de grands et inoubliables noms: Victor Boucher, André Lefaur et Raimu… et sur *Les Marionnettes*, de Pierre Wolfe, qu'animaient alors André Luguet et Pierre Roc.

En fait, ces spectacles demeurèrent toujours les plus beaux qu'il fut donné à Fred Barry de voir au cours de toute son existence.

Durant ce premier séjour en Europe, Barry et Duquesne, à la faveur d'une excursion à Bruxelles, eurent l'occasion – histoire de s'amuser de l'expérience – de figurer dans une pièce dont l'auteur n'était nul autre que l'excellent Paul Gury, ami et confrère de longue date, surtout depuis les années du Canadien.

Les voyages forment la jeunesse. De toute façon, celui que Barry fit à cette époque-là ne devait pas rester sans lendemain. Car, en songeant à l'aventure du Stella, nous ne pouvons nous empêcher de faire un certain rapprochement: les théâtres parisiens ne furent pas sans laisser une certaine trace de leur influence chez Barry. Au retour, quelques années plus tard, il fonda avec son compagnon de voyage et de métier le célèbre et fameux Stella, qui représente l'un des plus beaux et des plus efficaces temples jamais mis au service de l'art théâtral au Canada français!

En 1930, avec Duquesne, il fonde le Stella

De son séjour en Europe, Fred Barry conserva un incommensurable souvenir. Il en avait aussi rapporté un enrichissement intellectuel et une documentation sur le théâtre en général et sur le métier de comédien en particulier, dont il s'efforça de tenir compte dès son retour. La situation du théâtre canadien, vers 1926, était de moins en moins brillante, mais elle n'était pas perdue à tout jamais. Les quelques salles encore existantes roulaient assez bien, ce qui permettait à Barry et à ses camarades de jouer presque continuellement. Entre-temps, Fred Barry devenait une vedette du disque pour Columbia, à New York. Mais 1930 allait, pour lui et les siens, marquer une ère nouvelle, une époque extraordinaire, celle du fameux théâtre Stella, dont les retombées sont encore bien vivantes de nos jours… et pour cause: cette salle est devenue celle du Théâtre du Rideau vert.

De retour d'Europe, Fred Barry et Albert Duquesne constatèrent que la situation théâtrale à Montréal devenait de plus en plus précaire. Ce voyage avait laissé en eux une si profonde impression, un enthousiasme si

Les principaux interpretes de la Troupe
BARRY-DUQUESNE-DEYGLUN
dans
NOTRE MAITRE L'AMOUR

FRED BARRY
dans le rôle titre de Jos. Lessard

HENRY DEYGLUN
dans le rôle titre de Jacques Vernon

ALBERT DUQUESNE
dans le rôle titre de Serge de Séran

MARTHE THIERRY
dans le rôle titre de Nicole Lambert

BELLA OUELLETTE
dans le rôle titre de
Rose-Alda Chevrier

JEANNE DEMONS
dans le rôle titre de Georgiana Lessard

PIERRE DURAND
dans le rôle titre de Mr le curé Sansouci

MIMI D'ESTÉE
dans le rôle titre de
Micheline Lessard

GASTON DAURIAC
dans le rôle titre de Pierre Latour

94

grand qu'ils décidèrent de sauver coûte que coûte le théâtre. Le gigantesque projet qu'ils caressaient se concrétisa en effet quelques années plus tard.

Si le théâtre se mourait, il n'était toutefois pas à l'agonie. Les quelques salles qui existaient encore réussissaient avec des pièces aimées de tous, des mises en scène élaborées et des acteurs de premier plan, à conserver un bien fidèle public. D'autres, par ailleurs, avaient dû fermer leur guichet.

Ces pièces à grands déploiements scéniques, ces revues à la mode du jour, comme les tournées de «fins de semaine», permettaient tout de même aux comédiens chevronnés de jouer encore, de jouer presque continuellement.

On a voulu, à la faveur du recul, demander à l'ami Fred Barry la raison d'un tel marasme.

Calmement, avec toute la logique et l'expérience qui le caractérisaient, il répondait que la naissance de la radio, l'avènement du cinéma parlant et la vulgarisation de l'automobile furent pour beaucoup dans l'éloignement du public des salles de spectacles.

Et puis, chaque époque ne connaît-elle pas ainsi des revirements, des évolutions et des modes nouvelles? Le tout est de savoir, de pouvoir surnager afin de sauver la cause dont dépendent notre carrière, notre profession ou notre vie!

En cela, Barry et Duquesne surent faire la chose qui, en les sauvant, sauva aussi du coup la vie du théâtre canadien. En 1930, ils fondèrent le fameux Stella.

Pour atteindre leur grand but, ils songèrent alors à former une association de comédiens, conscients que l'union fait toujours la force. Au nombre de dix, ces comédiens, tous connus, tous en pleine gloire, étaient: Fred Barry, Albert Duquesne, Bella Ouellette, Marthe Thiery, Jeanne Demons, Gaston Dauriac, Pierre Durand, Antoine Godeau, Henry Deyglun et Mimi d'Estée. Pour sauver le Stella, Pierre Durand hypothéqua même sa maison de la rue Casgrain, geste qui laisse deviner l'esprit d'équipe qui régnait au sein de cette troupe homogène et d'élite.

Jusqu'en 1934, c'est-à-dire durant quatre saisons consécutives, le théâtre Stella présenta les plus belles pièces du répertoire français (et même canadien à l'occasion), au rythme d'une nouvelle pièce toutes les semaines. Tous les soirs, les comédiens de la troupe Barry-Duquesne jouaient dans des salles combles devant un public fidèle, enthousiaste, le bon public en or de chez nous.

Tout au cours de cette époque théâtrale glorieuse, jamais connue avant 1930, jamais revue ou retrouvée depuis le dernier jour de 1934, les comédiens du Stella connurent des heures extraordinaires de joie, de camaraderie, de satisfactions artistiques, de gloire et de fortune.

Pour certaines distributions, la direction de ce sympathique petit théâtre de la rue Saint-Denis (qu'a dirigé durant des années Mme Yvette Brind'Amour, maintenant décédée), eut même l'occasion de faire appel à des

Lucien Coëdel perdit tragiquement la vie au lendemain de la Seconde Guerre mondiale alors qu'il était l'une des grandes vedettes du cinéma français.

artistes de l'extérieur comme Germaine et Antoinette Giroux, Lucien Coëdel, Henri Guisol, etc.

Ah! Les belles, si belles années du Stella! Tout ce que lui doit la génération présente sans trop le savoir! Mais les amants du théâtre, comme ses serviteurs les plus dévoués, depuis toujours, doivent ainsi subir les morsures de l'oubli et de l'ingratitude.

Il tourne avec Gabin…
sous la direction de Duvivier

Après quatre années de gloire, de succès, de fortune et de grande satisfaction professionnelle, la belle équipe du Stella se disloqua. Ses directeurs avaient certes su exploiter la formule rêvée, mais les plus beaux rêves sont toujours par trop éphémères… Une nouvelle troupe, celle d'Antoinette Giroux, prit alors, au Stella, la succession de celle de Barry-Duquesne. La radio, déjà, était en plein essor, et c'est elle qui, somme toute, sauva financièrement les comédiens de l'époque. Vers 1934, la crise, d'ailleurs, sévissait et toute l'économie du pays en était bouleversée, ce qui n'était pas sans nuire considérablement aux arts. Un auteur du nom d'Henry Deyglun devait à son tour sortir de l'ombre pour accomplir des prodiges.

Commentant la chute de la troupe Barry-Duquesne, et partant, celle du Stella, les uns ont parlé de radio, de cinéma encore… Les autres ont parlé de cachets trop élevés, des exigences de certains comédiens, de crise économique…

Jean Gabin en François Paradis.

Fred Barry dans son rôle de Nazaire Larouche, du film *Maria Chapdelaine,* de Julien Duvivier (1934).

Madeleine Renaud dans *Maria Chapdelaine*, de Julien Duvivier (1934) (photo Harlingue-Viollet).

Bien sûr, il y eut un peu de tous ces éléments, mais plus que tout, à part les méfaits de la crise et la concurrence redoutable de la radio et du cinéma, il y eut (et c'est Fred Barry lui-même qui l'affirmait catégoriquement) le départ des sœurs Giroux.

Comme on le sait, Antoinette et Germaine Giroux étaient à cette époque ces deux belles comédiennes qui réussissaient à remplir des salles complètes, pourvu que leur nom soit à l'affiche.

Un grand coup venait d'être porté au cœur de tous ces comédiens réunis dans le même art, comme dans le travail. Durant ces quatre années, ils avaient travaillé pour la même cause, ils avaient triomphé ensemble dans un esprit de camaraderie et de collaboration vraiment exemplaire et si peu commun au théâtre.

Ainsi, quand prit fin cette trop belle aventure, tous sentirent que le théâtre venait presque de connaître son «chant du cygne». Mais la voix paternelle du directeur Fred Barry s'éleva, compatissante et enthousiaste, pour déclarer: «Vous verrez, Durand, vous verrez que la radio nous sauvera.»

Et le prévoyant et sage Fred Barry ne s'était guère trompé.

C'est bel et bien au cours de cette année 1934, pas si mauvaise que cela, en fait, pour Barry, que le grand cinéaste français Julien Duvivier vint tourner au Lac Saint-Jean le célèbre roman de Louis Hémon, *Maria Chapdelaine*.

Toute l'équipe de Duvivier arriva donc au Canada pour la documentation et le tournage des principales scènes extérieures de ce film qui, en France, eut un certain retentissement.

Homme de talent et de flair, Duvivier engagea donc Fred Barry tout d'abord comme conseiller, mais trouva en lui un acteur tout désigné; et ainsi, notre cher comédien tourna avec Jean Gabin, Madeleine Renaud, Jean-Pierre Aumont, Alexandre Rignault, Suzanne Desprez et autres, le rôle du paysan Nazaire Larouche. Il serait souhaitable que ce film, présenté à Montréal il y a fort longtemps, soit de nouveau représenté à la télévision.

Et Fred Barry accompagna Duvivier pour terminer le film, effectuant ainsi son deuxième voyage en France. Artiste de nature instinctive, acteur uniquement formé par les planches, homme de théâtre au pouvoir directorial, notre très cher M. Barry n'était sans doute pas le candidat rêvé pour subir, sans mot dire, les exigences et la domination d'un réalisateur français, aussi qualifié, par ailleurs, qu'un Duvivier. Les longues heures d'attente, les nombreuses reprises et le climat survolté du plateau finirent par impatienter l'acteur venu du lointain Québec. Inévitablement, il y eut des frictions. Les méthodes de travail des studios français ne lui convenant pas du tout, il envoya dans un langage plus que coloré et très «made in Montréal» promener tous ces gens, en tournant ainsi le dos à cette prodigieuse carrière au cinéma français qu'on lui promettait. Il préférait rentrer au pays où rien n'était jamais tellement compliqué pour lui.

Fred Barry fuyait les caméras de cinéma et de télévision. Elles le rendaient mal à l'aise. C'est pourquoi on ne le vit jamais sur notre petit écran de télévision. Et s'il fut merveilleux d'aise, de naturel et d'allure dans le film *Tit-Coq*, c'est parce qu'il avait confiance en l'amitié de Gratien Gélinas, dont il se savait l'idole, l'exemple et le maître, et qu'il reconnaissait son professionnalisme. Et aussi, parce qu'il avait un droit de regard sur l'ensemble de la production.

Lionel Daunais et Charles Goulet, fondateurs directeurs des Variétés lyriques
(1936-1955).

Une éblouissante création, celle du père
Gaspard des *Cloches de Corneville,* de
Robert Planquette, opérette que Fred
Barry joua à quelques reprises aux Varié-
tés lyriques, en 1940.

Des années de radio… et les œuvres de Gratien Gélinas

Pour terminer le film *Maria Chapdelaine* avec Julien Duvivier, Fred Barry effectua donc son second voyage en France. Il devait toutefois y retourner en 1937 avec la troupe de Henry Deyglun et le Quatuor Alouette. Entre-temps et par la suite, il devint, comme tous ses anciens ou nouveaux camarades, une vedette du micro. En effet, la radio avait, si on peut dire, remplacé le théâtre et marchait comme sur des roulettes, pour employer une expression populaire. Vedette du micro, Fred Barry fut le compère de quelques principaux programmes qu'il ne nous serait pas permis d'oublier, même si, depuis, la télévision a remplacé la radio. Puis Gratien Gélinas, avec ses inoubliables revues, sa pièce et son film *Tit-Coq*, ramena heureusement le grand Fred sur nos scènes durant plusieurs années. C'est ainsi qu'une autre génération put voir jouer ce comédien exemplaire, cet artiste extraordinaire et à nul autre pareil.

Comme toujours, les prédictions du perspicace Fred Barry s'étaient révélées justes. Le jour où il avait prédit à Pierre Durand que la radio allait sauver les comédiens

Vers la terre canadienne. Le 25 septembre 1937, la troupe Barry-Duquesne, en compagnie du Quatuor Alouette, s'embarque à Québec pour sa campagne de France et de Belgique. Là-bas, Marthe Thiery, Mimi d'Estée, Bella Ouellette, Fred Barry, Albert Duquesne et Henry Deyglun joueront la pièce que ce dernier a écrite spécialement pour la circonstance, sous le titre : *Vers la terre canadienne.* Également sur cette photo : le producteur Jos Cardinal.

de Montréal que le théâtre avait laissé tomber, il ne s'était pas trompé. Déjà, à l'époque du Stella, la radio fit appel aux comédiens de la troupe Barry-Duquesne, et fut pour eux, par la suite, la bouée de sauvetage, le pain quotidien assuré, la source d'une certaine gloire renouvelée. Et c'est ainsi que Fred Barry, après avoir été un as de la scène, devint un champion du micro fort remarquable.

L'une des toutes premières grandes émissions dramatiques sur les ondes de CKAC fut sans contredit *Les Mémoires du docteur Lambert*. Déjà, quand ils jouaient au Stella, les membres de la troupe Barry-Duquesne défilaient, une fois par semaine, à tour de rôle, devant le micro de CKAC. Ils jouèrent là des pièces vraiment inhabituelles, si l'on songe aux conditions dans lesquelles ces mêmes drames étaient présentés. Une très vaste expérience de la scène permit à tous ces artistes de se familiariser le plus heureusement du monde avec cette nouvelle technique qui devait, du moins pour un certain temps, être désormais la leur.

Il y avait parmi ces sympathiques gens un jeune comédien qui, à la même époque, révéla ses extraordinaires talents d'auteur, Henry Deyglun. Cet ancien disciple de Copeau fit preuve d'une technique et d'une imagination rarement égalées depuis, en créant des sketches radiophoniques et des pièces de théâtre taillés au goût du public québécois. Nous pensons alors à son théâtre N.-G. Valiquette. Que de pièces, que de titres, que de succès… recueillis tout d'abord à la radio, et ensuite à la scène et en tournée. Les tournées de Deyglun auxquelles prenaient part tous ses camarades marquèrent une époque extraordinaire. C'est en fait ce même Deyglun qui destina l'une de ses pièces à la France, en 1937. La troupe, composée alors de quelques artistes de la troupe Barry-Duquesne qu'accompagnait le Quatuor Alouette, passa ainsi quelques mois en Europe, permettant alors à l'ami Barry d'effectuer son troisième séjour là-bas.

Le célèbre Quatuor Alouette, durant plusieurs années, partagea avec Barry et Henri Poitras la vedette d'une émission radiophonique réalisée par Paul L'Anglais, ayant pour titre *Les Amours de Tit-Jos.* Cette série fut l'un des grands succès de la carrière radiophonique du créateur au Canada de *Topaze,* de Pagnol, rôle dans lequel Barry brilla tout particulièrement à la chère époque du Stella.

Comment ne pas parler de *Joson et Josette*, de *Mélodies oubliées*, que Barry fit durant plusieurs années en compagnie de la regrettée Jeanne Maubourg-Roberval, émission qui engageait alors Rolland Bédard comme bruiteur? Puis, successivement, il y eut pour Barry des heures théâtrales et dramatiques: son Max Potvin des *Amours de Tit-Jos*; son papa Rivard de *Jeunesse dorée*; son Georges Beauchamp de *Rue principale*; son docteur Cyprien de *Un homme et son péché*; les *Soirées de chez nous* de Radio-Canada; *Vie de famille*, etc. Toute une époque doublée d'une seconde carrière.

Jeanne Maubourg et Fred Barry ont partagé le micro de Radio-Canada dans deux séries de l'Âge d'or de la radio: *Joson et Josette* et *Mélodies oubliées.*

Sous l'œil intéressé de l'annonceur Roger Baulu, dans le studio de *Jeunesse dorée*, Marthe Thiery, Yvette Brind'Amour, Jean-Paul Kingsley, Fred Barry et Jacques Auger écoutent les indications de l'auteur-créateur Olivier Carignan.

1950: radio avec Lise Roy.

De gauche à droite: José Delaquerrière, Lucien Martin, Marthe Lapointe, Fred Barry, Jeanne Maubourg et Eugène Cloutier, à l'émission *Mélodies oubliées*.

Dans cet épisode de la série *Les Amours de Tit-Jos*: Fred Barry (rôle de l'épicier) et Henri Poitras (rôle de l'employé) recevaient au micro de CKAC la vedette internationale Ramon Novarro.

Un quiz radiophonique parmi tant d'autres sur les ondes de CKAC à la fin des années 30. Cette photo-souvenir laisse voir Fred Barry, Eddy Baudry, Juliette Béliveau, Ferdinand Biondi et l'annonceur Bruce Wendel.

Voici les trois as du *Ralliement du rire*. De gauche à droite: Fred Barry, Hector Charland et Gérard Delage, pris sur le vif.

Participaient à cette fête organisée en l'honneur de Blanche Gauthier: Robert Choquette, Georges Landrault, Dame Hector Perrier, Fred Barry, Paul L'Anglais, Guy D'Arcy, René-O. Boivin, Ovila Légaré, Jeannette Deguire-Légaré, Adrien Lauzon, Gérard Delage et Marcel Provost.

Dans le radio-roman *Grande sœur*, auprès de Gaston Dauriac, Mimi d'Estée et Blanche Gauthier.

Avec – entre autres – Albert Duquesne, Judith Jasmin, Alfred Brunet, Julien Lippé, Lucie Poitras… Au micro de *Voix de mon pays*.

… avec mesdames Juliette Béliveau et Juliette Huot dans *Les Parents s'en-nuient le dimanche,* de Gratien Gélinas (Fridolinons, 1942).

… avec Gratien Gélinas et Huguette Oligny dans une scène de *Tit-Coq,* de Gratien Gélinas.

Tit-Coq avec Muriel Guilbault. Le père Désilets: «Es-tu ben sûre de l'aimer, ton Tit-Coq?» (Acte II, 4e tableau).

Vers cette époque bénie surgit de l'ombre Gratien Gélinas. Ce fut cet habile auteur qui ramena sur la scène les acteurs qui en étaient privés depuis trop longtemps, sauf à de rares exceptions.

L'homme de théâtre Gratien Gélinas accomplit les exploits merveilleux qui firent par la suite sa popularité.

Dans sa jeunesse, il allait fréquemment au Stella, par exemple, afin d'y voir travailler les grands du théâtre. Il admirait chacun d'eux, bien sûr, mais il eut toujours pour Fred Barry une admiration vraiment particulière, si ce n'est un culte confraternel.

Aussi, le motif s'explique par lui-même, il s'empressa de s'adjoindre le talent du plus représentatif des comédiens canadiens quand il monta ses toutes premières revues, qui laissèrent place, par la suite, à son fameux *Tit-Coq*, pièce qui fut tout d'abord jouée au théâtre avant de recevoir la consécration au cinéma.

Champion au poignet... et fier défenseur du mélo

Celui qui, tant à la radio qu'à la scène, pendant de si longues années, fut le sympathique docteur Cyprien Marignon du radioroman de Claude-Henri Grignon, *Un homme et son péché*, ne représentait pas l'authentique paysan canadien-français seulement par l'instinct artistique et théâtral qui l'animait sans cesse, mais aussi par une corpulence, une force et une virilité qui lui méritèrent la plus grande popularité. Ainsi, à l'époque du Family ou du Stella, par exemple, il était reconnu dans tout le pays comme le champion par excellence du tir au poignet, suivant en cela les traces du champion mondial Chapleau, son maître et excellent ami. Lors d'une conversation amicale et constructive sur le théâtre en général, Fred Barry ne manquait jamais de prendre la part du mélo, avec compétence et autorité. Quelques autres conseils qui s'avèrent, aujourd'hui, autant de précieuses indications pour la génération actuelle et future.

Parmi les multiples rôles que Fred Barry créa à la radio, et plus tard à la scène, dans bien des cas, il en est un où il brilla tout particulièrement, parce que sans doute taillé sur mesure. Ce rôle en or, c'est Claude-Henri Grignon qui le lui prêta dans son radioroman *Un homme et son péché*. Comment, en effet, oublier Fred Barry dans ce rôle d'un homme probe et jovial, d'un être représentant le type du Canadien bien né dans sa formule la plus représentative, quoique rurale, de ce médecin de chez nous qui rayonne en faisant du bien et en blaguant, le cœur sur la main. Non, le flair reconnu du réalisateur Guy Mauffette ne s'était pas fourvoyé en désignant Barry pour donner vie à l'un des personnages importants de cette œuvre radiophonique, dont on tira quelques paysanneries pour la scène.

C'est l'ami Henry Deyglun et, plus tard, le sympathique Henri Poitras, qui, je le crois, furent les premiers à me parler de la force quasi herculéenne du comédien Fred Barry.

C'est pourquoi, au cours de l'entretien que j'eus avec lui ce jour-là, je ne manquai pas de soulever cet aspect si particulier de sa personnalité.

À ce moment, il fallait entendre le rire spontané de cet homme jovial et débonnaire, pour être convaincu largement que ce souvenir, pas si lointain après tout, ne lui déplaisait pas tant que cela.

Il me dit en effet avoir eu aussi son heure de gloire à ce chapitre.

Doué d'une corpulence et d'une santé à toute épreuve, Frédéric Barry aimait bien, en dehors de la scène, se livrer à quelques exploits sportifs. Ainsi, il se découvrit bien vite, grâce à la vigueur de ses muscles, des aptitudes sûres et un certain penchant pour le tir au poignet. Il y excella quelques années plus tard.

Vers la même époque, il s'était lié avec le rude Chapleau qui, comme certains s'en souviendront, fut reconnu comme le grand champion mondial du tir au poignet. Barry, pour sa part, profita donc énormément des conseils de son entraîneur Chapleau, qui vit en lui un disciple de première taille. Son élève devait ensuite devenir un champion local difficilement délogeable. Et ce gaillard de Saint-Bruno, qui osa un jour le défier, en eut pour son compte. Et le cher disparu d'avouer alors:

«Il faillit bien me battre celui-là, mais j'ai vite fini par avoir raison de lui.»

Les grands faits ou dates de sa carrière ayant été furtivement repassés, je désirai enfin interroger Fred Barry sur la carrière du comédien en général pour laquelle, je le devinais, il avait beaucoup à dire.

Ainsi, je lui demandai si la télévision allait finalement abattre le théâtre, comme le cinéma et la radio le firent, par exemple, dans son temps.

Il ne le croyait pas du tout. Au contraire, il voyait en la télévision un nouveau moyen de faire connaître le théâtre et d'en diffuser ses plus vibrants témoignages auprès du public.

Mais en disant cela, le vieil acteur ne cessait pas de considérer le théâtre sous sa forme la plus figurative. Ainsi, il certifiait par expérience que le mélo serait toujours une forme de théâtre accessible à la masse, le plus cher et le plus franc des publics.

C'est pourquoi aussi et dans le même sens, il recommanda toujours à tout acteur de jouer le plus souvent possible.

«La scène pour un comédien, mais c'est énorme comme formation, c'est même tout, déclarait-il. Mais, chose indispensable aussi, ajoutait-il, un acteur se doit de ne jouer que des bons rôles et dans des pièces bien faites.»

Parmi les acteurs de la génération montante d'alors, voyait-il un talent susceptible de lui ressembler par son style, sa nature, ses emplois?

Spontanément, avec une petite flamme dans les yeux, Frédéric Barry cita un nom: Gilles Pelletier.

Soutenu par deux grands admirateurs: Laurent Jodoin et Marcel Gamache.

Antoinette Giroux et Gratien Gélinas accueillent leur vénérable doyen et père du théâtre.

À l'ouverture de la Comédie canadienne de Gratien Gélinas, en 1958.

… Et ce fut le 17 août 1964

Fred Barry est mort. Le théâtre de chez nous en porta le deuil et nos artistes exprimèrent leur consternation, au nom du public. La radio, les journaux, la télévision rendirent au cher acteur disparu l'hommage de leur sincérité.

Guy Mauffette, pour sa part, réalisa sur le réseau français de Radio-Canada une émission d'une demi-heure, véritable petit chef-d'œuvre du genre, qui restera gravée dans la mémoire des téléspectateurs:

«C'est vrai, il faut que je vous dise, moi, c'est à retardement… Sur le coup, je ne ressens rien: dans ces moments-là, je vais même jusqu'à me demander si j'ai du cœur.

«C'est vrai, qu'il s'agisse d'un deuil, d'une joie ou d'affres… c'est longtemps, longtemps après, alors que tout est terminé, que me rejoint ce qui *arrive*.

«Ainsi, l'autre jour, j'étais à Saint-Jean-Port-Joli, je me promenais le long du fleuve, j'étais en vacances, en service commandé, lorsque la voix de l'une de mes filles tombant de la falaise derrière moi, me crie dans le vent mais avec précaution: "Papa! Papa… on vient d'annoncer à la radio la mort de monsieur Fred Barry…"

«La *chose* est entrée en moi comme dans une armoire à glace; je me suis retourné, elle était disparue, elle était partie en courant.

«Je crois quand même qu'à ce moment-là, mon âme et mon corps ont épousé l'*ultime démarche* de notre *vieil ami*, et je me suis dirigé sur la grève, jusqu'au pied de la mer, comme un comédien marchant lentement sur la scène ou se dirigeant vers l'écran, vers la rampe, vers son *public*. Je levai les yeux: il y avait un banc de mouettes qui tournoyaient dans l'air avec un "flac" tragique, comme si elles venaient d'entendre, en même temps que moi, la nouvelle de la *disparition de notre grand ami*. Mais ces mouettes, pour moi, étaient autre chose que des mouettes: c'étaient des comédiens, des acteurs, des bohémiens, des clowns, des pitres, des bouffons, des arlequins, des danseuses… Et puis, tous ensemble, ils se sont posés sur la mer, se sont confondus à la mer, comme Fred, dans le grand *tout*. Et puis, plus rien. C'est seulement une semaine, deux semaines plus tard après, que de retour à Radio-Canada, j'ai voulu être seul avec lui. Je suis jaloux, j'aime bien être seul avec ceux que j'aime, avec ceux que je pleure. Alors, je me suis dirigé vers la discothèque, vers la filmothèque, à la recherche de rubans de sa voix, de son image…

«Merci, monsieur Barry. Nous, comédiens, nous allons essayer de tirer de votre jeu le sens de l'honneur, de l'intégrité, et la gentillesse et l'amour que vous mettiez dans tout ce que vous faisiez, dans tout ce que vous êtes…

Guy Mauffette.

«Je suis certain qu'en ce moment, tous les rires, toutes les larmes que vous avez su provoquer, vous les remettez entre les mains du Grand Patron de toutes les scènes du *théâtre* des univers. Frédéric Barry... merci et *au revoir*!»

Guy Mauffette, au réseau français de la télévision de Radio-Canada, le mardi 8 septembre 1964.

Adieu, Fred!

«Lorsque j'allais le voir – et encore une fois il y a à peine trois semaines – je l'appelais toujours "mon père spirituel" du théâtre. Je le nommais ainsi naturellement. Ce n'était pas sentimental de ma part. J'éprouvais effectivement pour lui un sentiment filial. Il était véritablement le père de notre petite famille d'artistes. Nous sommes d'ailleurs plusieurs à avoir éprouvé pour lui la même tendresse et le même respect. Nous l'avons tous aimé et admiré. Il a exercé sur nous tous une très grande influence, et nous qui avons eu la chance exceptionnelle de le voir jouer sur scène, nous ne pouvons émettre qu'un déchirant regret et c'est que les artistes ne soient pas éternels. Il n'a vécu que pour le théâtre et Dieu sait que, sans lui, nous ne serions pas ce que nous sommes aujourd'hui. Sa voix ronde, grave, sonore et pourtant brisée me poursuivra tout la vie. Il pouvait jouer tous les rôles avec la même souplesse et le même talent. Il savait faire rire et pleurer: Fred Barry était un acteur-né. Dans la vie, cependant, il se comportait comme tout le monde et ne songeait à mystifier personne. Tous les artistes de ma génération ont connu Fred Barry alors qu'il

Pierre Dagenais (L'Équipe).

possédait déjà la maîtrise de son art. À vrai dire, je ne l'ai personnellement jamais vu interpréter un rôle; je l'ai toujours vu «vivre» ses personnages.

«On a dit qu'il était d'un naturel désarmant. Ce qui est également vrai et faux. Car pour donner cette impression de vérité profonde, il faut être un acteur de grand style. Le génie de Fred Barry était précisément de ne faire voir à personne qu'il en avait. Tout ce qu'il faisait sur scène semblait être facile et voilà bien, pour un acteur, le tour de force le plus difficile à accomplir.

«Dans chaque décor où il apparaissait, il avait l'air d'entrer dans sa maison; et les costumes qu'il portait semblaient sortir de sa propre garde-robe. Tout compte fait, c'est au théâtre et derrière le rideau que Fred Barry était vraiment chez lui.

«Tout comme moi, les comédiens de ma génération à ne pas avoir étudié l'art dramatique sont nombreux; mais nous pouvons tous nous compter chanceux d'avoir pu voir jouer Fred Barry: à tout coup, c'était une leçon et la meilleure qui pouvait nous être donnée. Je l'ai déjà écrit, Fred Barry était un artiste incomparable et il n'est pas près d'être remplacé. Nous allons nous sentir très seuls.

«Avec la disparition de Fred Barry, c'est toute une époque qui s'efface pour nous. Et sans doute la plus belle de notre petite histoire théâtrale! Le pont s'écroule et le fardeau d'en élever un autre retombe sur nos épaules. Même s'il s'était retiré du théâtre depuis déjà assez longtemps, Fred Barry était toujours là. À présent…

«Le théâtre canadien vient de perdre son symbole vivant. Oui, nous allons nous sentir bien seuls! Tous les auteurs canadiens pour lesquels Fred Barry a travaillé ressentent aujourd'hui une tristesse profonde. Claude-Henri Grignon, Robert Choquette, Gratien Gélinas, et tant d'autres, ainsi que moi-même, nous n'oublierons jamais que, sans lui, les personnages que nous voulions créer n'auraient pas eu la même vérité et la même densité dramatique.

«C'est lui qui leur donnait leur âme véritable, c'est lui qui leur insufflait le sang de la vie.

«Fred Barry était grand parce qu'il se donnait pleinement et se redonnait sans cesse avec la même ardeur à une œuvre éphémère et incertaine. Il ne trouvait dans son travail que la joie de produire, de créer. Fred, mon vieil ami, était un créateur.

«Il pouvait faire ce qu'il voulait avec le public, Fred, mon vieil ami, n'est plus. C'est une grosse perte pour tout le monde.

«Il a œuvré toute sa vie pour l'avenir du théâtre canadien. Tout comme les artistes, le public lui doit également un souvenir respectueux et reconnaissant.

«Il était l'incarnation vivante de notre théâtre et, même s'il est aujourd'hui disparu, sa secrète présence demeurera toujours parmi nous. Il est l'artiste canadien-français que j'ai le plus aimé.»

Pierre Dagenais, *Le Journal des vedettes*.

Et parmi tant d'autres témoignages...

JULIETTE BÉLIVEAU

Il était toujours très gai même quand il était malade ou qu'il avait des ennuis. Il était très humain et il a aidé plusieurs comédiens.

S'il n'a pas fait de télévision, c'est qu'il était trop nerveux et refusait ce qu'on lui offrait. C'était un grand comédien, un monstre, comme on dit dans le métier.

HENRY DEYGLUN

D'abord: un homme, un vrai, un cœur d'or. Je lui dois beaucoup et en premier lieu d'être resté au Canada. Fred était pour moi le frère aîné attentif et encourageant. Comme artiste? Le plus grand que le Canada ait produit. Il avait la présence, le fluide, la sensibilité communicative. Je l'ai toujours aimé.

ALBAN FLAMAND

En 1935, quand j'étais au *Quartier latin*, j'avais la responsabilité de la critique théâtrale. Tous les lundis, j'assistais aux «premières» du Saint-Denis et du Stella. Avant la représentation, j'allais dîner avec Barry et la troupe.

Comme comédien, c'est le plus grand que j'aie connu; il avait le talent et la classe d'un comédien international. Dans la vie, il était simple. Il ne jouait jamais de rôle. C'était un Canadien total en entier. Un bohème, un cœur d'or.

JEANNE FREY

Hélas! C'est vrai… La nouvelle nous en est brusquement parvenue, sèche, impitoyable. Fred Barry, malade depuis quelques années déjà, nous a quittés pour un monde que l'on dit meilleur, et où sa bonté et sa gentillesse lui ont assuré, sans aucun doute, une place de choix.

Authentique pionnier du théâtre canadien, Fred Barry, tant par son langage pittoresque que par sa tournure d'esprit si particulière, eût constitué l'interlocuteur rêvé de n'importe quel «interviewer» radiophonique ou autre… Malheureusement, il avait horreur des entrevues.

À la radio, Fred Barry débuta dans l'émission des *Amateurs Black Horse*, à CKAC. Ce premier engagement en entraîna immédiatement toute une série, dont *Le Théâtre du docteur Lambert, Rions ensemble, Les Amours de Tit-Jos, Les Belles Histoires des pays d'en haut, Le Vieux Professeur, Grande sœur, Vie de famille, Jeunesse dorée, Rue principale*, etc. La radio accaparait de plus en plus Fred Barry. Celui-ci, sans détester le nouveau médium, n'en continuait pas moins à manifester une préférence marquée pour le théâtre. Là, disait-il, le contact direct avec l'auditoire permet à l'acteur de vibrer à l'unisson avec son public.

Homme de théâtre né, acteur d'instinct, caractère typique, il avait fondé la fameuse troupe Barry-Duquesne, avec son camarade Albert Duquesne, de regrettée mémoire, lui aussi. Enfin, Fred Barry, en plus d'avoir été le pilier de notre théâtre, avait rempli les rôles titres des œuvres de Gratien Gélinas, dont les inoubliables *Fridolinades*, ainsi que *Tit-Coq*, pièce qui fut également portée à l'écran.

Détail étrange, surtout pour un comédien de son expérience, Fred Barry fut toute sa vie une victime du trac. Cette pénible sensation que tant d'acteurs connaissent, s'abattait sur lui au cours des quelques minutes qui précédaient le début du spectacle (ou de l'émission radiophonique) et menaçait de le priver de ses moyens.

Et puis, le métier reprenait le dessus, et le spectateur, charmé, ignorait le péril auquel il venait d'échapper, se livrait tout entier au plaisir de voir et d'entendre son comédien favori.

… Malgré l'incontestable succès qui avait marqué ses débuts dans ce métier nouveau pour lui, Fred Barry n'aima jamais le septième art. «J'ai l'impression, disait-il, qu'un acteur, pour donner le maximum de son rendement, doit commencer une pièce par le commencement et la continuer ainsi jusqu'à la fin, de façon à se mettre dans la peau de son personnage et vivre littéralement sa vie pendant toute la durée du spectacle… comme on le fait au théâtre. Au cinéma, où l'on peut parfois commencer une histoire par la fin pour accommoder le metteur en scène, les sentiments exprimés par l'artiste deviennent essentiellement affaire d'imagination. J'ai peut-être tort mais pour moi, rien ne vaut le théâtre.» Des innombrables rôles qu'il avait interprétés, il en était un dont Fred Barry avait gardé un souvenir tout spécial, c'était celui de l'abbé Pellegrin, de *Mon curé chez les riches*, de Clément Vautel. Il l'avait interprété tour à tour à la scène et à la radio, et, dans les deux cas, lui avait trouvé un charme tout particulier. Ce rôle de brave curé de campagne semblait d'ailleurs avoir été taillé sur mesure pour Fred Barry, de même d'ailleurs que celui du *Maître de forge*. Son allure «à la bonne franquette» y trouvait, plus que partout ailleurs, l'occasion de s'extérioriser, et le personnage lui convenait si bien qu'on était presque surpris, à la sortie, de ne pas le revoir en soutane.

L'abbé Pellegrin a perdu son meilleur interprète…

GRATIEN GÉLINAS

J'avais quinze ans quand, pour la première fois, je vis Fred Barry en scène. Il est devenu dès ce soir-là mon *idole*.

Fred Barry a travaillé pour moi et avec moi pendant vingt-trois ans, c'est-à-dire depuis la première revue de *Fridolin* jusqu'à la dernière et depuis la première de *Tit-Coq*, qu'il a joué plus de cinq cents fois. Il n'a jamais manqué une seule fois. Il fut mon guide, mon conseiller, alors que je débutais et qu'il avait derrière lui déjà vingt-cinq ans de métier. Il signa la mise en scène de *Fridolin* avec moi et fut d'une grande importance dans ma carrière.

Fred Barry fut un grand comédien de la trempe d'un Raimu. C'était un monstre sacré de son espèce, une bête de théâtre qui ne vivait que pour la scène où on le sentait si heureux. Ce fut le plus grand de nos comédiens, même si nous en avons eu et si nous en avons de plus classiques. Il n'a jamais dit faux une seule fois et il n'y avait jamais la moindre intonation à corriger chez lui.

Il débuta à dix ans comme comédien amateur. Il eut toute sa vie un trac fou. Il se signait toujours avant d'entrer en scène. Il forma la troupe Barry-Duquesne avec le regretté Albert Duquesne, qui fut la grande troupe, *la troupe* par excellence de Montréal pendant de nombreuses années. Les débuts eurent lieu au Stella, alors le Chanteclerc, puis la troupe joua au Saint-Denis, avant de retourner de nouveau au Stella.

Le duo Barry-Duquesne jouait au rythme d'une pièce nouvelle tous les huit ou quinze jours, présentant tout le grand théâtre de boulevard de l'époque avec nos meilleurs comédiens professionnels d'alors, auxquels se joignaient de temps en temps des acteurs français de premier plan comme Lucien Coëdel ou Henri Guisol, par exemple.

Fred Barry fut un acteur comique exceptionnel pouvant jouer aussi bien un *Topaze* qu'un *Dr Knock* ou qu'un *Maître de forge*, qu'il joua d'ailleurs un nombre incalculable de fois. Il fit beaucoup de radio, et il est dommage que l'âge et la maladie n'aient pas permis à la jeune génération de le connaître par la télévision, notamment en ces deux dernières années.

GERMAINE GIROUX

C'est avec lui, Fred Barry, que j'ai joué tout enfant au théâtre.

C'est de lui, Fred Barry, que j'ai reçu les premiers conseils de ma carrière. J'ai de la peine… il me semble que je ne me consolerai jamais de sa disparition.

JULIETTE HUOT

Fred Barry a présidé à mes débuts professionnels dans la troupe de Gratien Gélinas. Ses conseils paternels et autorisés m'ont toujours été d'un bien précieux secours. Sur la scène du Monument national, il me conseillait à voix basse pendant que le public applaudissait, m'encourageant du regard. Il irradiait sans cesse. Et quel bon vivant, plus drôle encore dans l'intimité que sur scène. C'était un vrai camarade, un authentique phare de théâtre. De ceux qui émeuvent… de ceux qu'on n'oublie jamais!

PAUL L'ANGLAIS

Quand j'ai fait mes débuts à la radio, il y a trente ans, j'ai eu le privilège de réaliser plusieurs émissions où Fred Barry était en vedette, et je lui serai toujours reconnaissant d'avoir si gracieusement accepté les directives d'un blanc-bec et de lui avoir patiemment appris tant de trucs du métier.

OVILA LÉGARÉ

C'est le plus grand comédien que le Canada ait produit. Il avait une grande conscience professionnelle. C'était un monstre sacré. Il avait beaucoup de souplesse et pouvait aussi facilement nous faire rire que nous faire pleurer. Fred Barry était mon ami.

HENRI POITRAS

Fred Barry, comme comédien, c'était le *naturel* incarné. Comme personnage humain, la charité même. Il avait le cœur sur la main et un cœur grand comme le monde, généreux comme les blés. Son souvenir ne peut que faire naître en nous des larmes d'attendrissement et d'admiration.

HENRI POULIN

Ce fut un franc succès, mon cher Fred. Toi qui fus de tant de premières, tu sais comme il est difficile d'enlever une dernière représentation. La tienne, en l'Église Saint-Denis, fut une apothéose.

Tout le monde y était: les vieux de la vieille qui pleuraient ton départ en souriant aux souvenirs émus de tes boutades; les finis, les usés, les ventripotents qui revivaient des heures de gloire en se retrouvant près de toi; les artisans de la première heure qui furent de la création d'un théâtre rentable en y plaçant à fonds perdus tant d'efforts et de talent; les autres qui ne sont plus jeunes, mais qui ne sont pas encore vieux – l'âge ingrat de la vie de théâtre. Les jeunes qui venaient aspirer dans ton cortège, le souffle qui t'animait et qui leur apparaît comme une fontaine de jouvence; il y avait là des tas d'officiels qui auraient fait surgir au coin de ta lèvre ton sourire un peu railleur qui masquait ton plaisir. Il y en avait même du gouvernement, mon vieux. Oui, le gouvernement qui, sur le tard se rend compte. Qui aurait cru, quand tu en avais tellement besoin, qu'un jour les affaires culturelles du gouvernement assisteraient à tes funérailles? Il y avait des machinistes, des accessoiristes, des humbles travailleurs du théâtre. Et ton public a voulu te suivre jusque-là.

Il y avait aussi de la musique, de la belle musique à pleine voix, qui savait se faire tendre par moment. Il y eut même un *Agnus* avec une sorte de contre-chant sur un rythme de one-step qui t'aurait chatouillé les orteils, des fleurs aussi, comme dans une loge de grande vedette. Oui, mon vieux Fred, on t'a envoyé des fleurs.

Jusqu'à la recette qui fut bonne. La salle n'était pas comble, mais les paniers qu'on fit circuler à la place du chapeau étaient remplis de billets verts. Des vraies piastres.

Pendant ce temps-là, toi, on t'aurait retrouvé dans quelque coin poussiéreux du paradis, parmi les machines oubliées depuis l'Ascension, en train de préparer une nouvelle saison.

Je ne serais pas surpris qu'un jour prochain, les étoiles changent de place pour annoncer, sur la marquise du firmament, l'ouverture prochaine de la troupe Barry-Duquesne sur la scène éternelle. Je te souhaite une mer de succès, Fred Barry, car ce n'est pas la fin de ta carrière qu'on pleure, c'est ta rentrée dans l'histoire qu'on applaudit.

Le Journal de Montréal, le jeudi 20 août 1964.

RUDEL TESSIER

Fred Barry est mort. Je l'apprends en arrivant au journal, alors que nous sommes à la veille de «fermer les pages». Des camarades, autour de moi, qui ne le connaissaient pas, qui ne l'ont peut-être jamais vu jouer, sont visiblement émus. C'est qu'il était vraiment entré de son vivant dans la légende.

Il n'était pas si vieux, même s'il a débuté sur une scène de collège il y a soixante-six ans, et même si, il y a un quart de siècle, quand je l'ai vu pour la première fois, il avait déjà l'air d'un vieil homme. Mais ce vieil homme qui s'est terré si longtemps dans sa maison, avec ses souvenirs, son chien et ses portraits de Bourassa et Laurier (à l'huile), n'a jamais sombré dans la tristesse des reclus. Quand il sortait – c'était toujours pour se retrouver dans une salle de théâtre ou dans une réunion de gens de théâtre – il redevenait l'homme gai qu'il fut toute sa vie, selon ses vieux camarades. Quelle cordialité il y avait chez cet homme, quelle chaleur dans l'amitié et la camaraderie! Et je sais qu'il fut l'homme généreux par excellence, celui qui donne de l'argent, mais surtout celui qui savait donner, de l'argent ou un conseil.

Et il fut un grand comédien. Un de ces comédiens comme il y en a peu, qui ont non seulement du talent et une personnalité, mais qui sont enveloppés d'une auréole perpétuelle qui rend leur présence jusqu'au fond de la salle, et qui transforme les spectateurs en initiés.

Mais on m'a raconté ses prouesses. Cet homme qui «eut toujours l'air vieux», comme on disait, avait été d'une force herculéenne. Comme les héros de légende, il avait d'ailleurs toutes les qualités! Mais je crois qu'en effet, il les eut toutes. En tout cas, je n'ai jamais entendu quelqu'un dire du mal de lui!

Et je pourrais croire que tous ceux qui l'ont connu ont, à un moment de leur vie, reçu quelque chose de lui. De l'argent souvent, mais aussi des conseils, un coup de main, une recommandation. Et quand on avait fini de dire qu'il était un grand comédien, un extraordinaire metteur en scène (il fut le metteur en scène des premières revues de Gratien Gélinas), l'homme de bon conseil par excellence, le plus généreux des amis, le plus fameux raconteur d'histoires du pays et le meilleur homme du monde, on disait qu'il était un extraordinaire «homme d'affaires». Je n'ai jamais bien compris ce que l'on voulait dire par cela, mais il y en avait qui expliquaient qu'il avait toujours eu de l'argent à prêter aux camarades imprévoyants ou malchanceux – à prêter ou à donner. Il y en avait d'autres qui disaient qu'il n'avait pas son pareil pour sortir quelqu'un du pétrin, pour «faire le budget» de ceux qui «n'arrivaient pas» et qui venaient lui demander conseil.

Et voilà que Fred Barry est mort… Pour une fois, un homme meurt dont on ne dira pas plus de bien après sa mort qu'on en disait de son vivant.

Extrait d'un article publié dans *Photo-Journal*, le 19 août 1964.

MARTHE THIERY

Extrêmement sensible, Fred Barry a souvent ironisé pour ne pas pleurer. Transporté à la scène, ce trait de caractère en a fait un acteur complet pouvant être aussi émouvant que comique.

FANNY TREMBLAY

C'est l'un de ceux que j'ai le mieux connus parmi les jeunes comédiens du temps de ma jeunesse. Sa disparition est une perte irremplaçable pour la colonie artistique montréalaise.

C'est que Fred Barry était très sympahique, voyez-vous, qu'il avait excessivement de talent, mais il n'était pas prétentieux du tout. C'était une grande étoile. Il fut un ami intime de mon mari qui le fit débuter au théâtre. Il se spécialisa surtout dans les compositions où il excellait. Sa femme Bella Ouellette fut aussi une grande comédienne. Elle est morte avant lui et ils n'avaient pas d'enfants, seulement des neveux et des nièces.

Il était si gentil et si drôle que, lorsque nous travaillions avec lui, il n'y avait pas que le public qui s'amusait... nous aussi.

Il a eu une longue et fructueuse carrière de plus de cinquante années et j'ai beaucoup joué avec lui et toujours avec infiniment de plaisir, car c'était un excellent camarade dont je garderai le meilleur souvenir jusqu'à la fin de mes jours.

Fred Barry n'est plus...
et le théâtre canadien en
porte le deuil

Lundi: début de semaine et début d'un deuil, celui que nous cause la nouvelle de la mort de Fred Barry.

Fred Barry: 77 ans et malade depuis longtemps! Une maladie d'usure! La maladie n'épargne rien, même pas le talent. Et du talent, il en avait, de naissance, par instinct, comme un héritage prévu.

Les artistes avaient leur *doyen*: lui! Il part et le théâtre est en deuil, un deuil pas comme les autres. Il avait tout donné au théâtre! Et le théâtre le lui a tout rendu parce qu'il l'aimait bien aussi. On parlait de pilier en parlant de lui. On remontait loin en arrière pour le retrouver à la pointe du répertoire professionnel.

Avec ses camarades, Fred Barry avait voulu s'évader des salles paroissiales pour rompre avec le théâtre amateur et ce, en fondant la troupe Barry-Duquesne à qui nous devons tout, à qui la jeune génération doit de pouvoir parler théâtre de nos jours.

145

Un pilier!

Un innovateur!

Un vrai serviteur! Il a tout fait et rien n'est oublié! Il est déjà parti mais sera toujours présent.

Dès que s'ouvrira une nouvelle scène, dès que résonneront les trois coups, là, ailleurs, partout on évoquera son nom de Barry.

Lundi: lui, l'usure, la mort! Il était seul mais non oublié. En ce matin de funérailles, nous sommes tous là. Ils sont venus de partout les comédiens ses amis, les artistes ses disciples, afin de lui rendre un dernier hommage… le reste, leur cœur le conservera.

Ils étaient là, tous là, graves, sereins, émus, reconnaissants. Pour eux, Fred Barry vivra toujours, une question de souvenirs. La première fois que j'ai entendu sa voix, c'était à la radio et sa partenaire était Jeanne Maubourg-Roberval.

La première fois que je le vis jouer, c'était à la salle Saint-Sulpice, dans *Le Doyen des enfants de cœur*, à moins que je fasse erreur, dans ces cas-là, la mémoire se trompe. La première fois que je l'admirai vraiment, ce fut dans toutes les revues de Gratien Gélinas, avec *Tit-Coq* tout au bout, à la suite. Quand je débutai dans le journalisme du spectacle, j'eus l'occasion de parler de lui avec une quantité généreuse d'artistes et tous, en l'évoquant, s'émouvaient comme lorsqu'on parle d'un ami ou d'un père. Je ne comprenais pas très bien… plus tard, j'ai compris. J'ai compris, quand j'eus l'occasion d'être reçu à son domicile de la rue Saint-André, afin de recueillir ses mémoires. J'ai compris! On ne parle plus de théâtre comme cela.

On n'a plus ce verbe, cet esprit, cette simplicité, cette emphase, cette chaleur, cette mémoire, et ce culte qui ne se décrit point.

Il disait: «Le mélo tiendra toujours le théâtre debout… le reste, c'est du snobisme. Des grands comédiens, ça n'existe pas; il n'y a que de *bons* comédiens, et c'est déjà énorme! Il faut toujours n'accepter que de bons rôles car l'acteur est responsable de tout! Les jeunes sont mieux préparés que nous, certes, mais ils n'auront jamais nos souvenirs. Il n'y a pas un homme sur la terre qui a lu autant de pièces que moi car à l'époque, il nous fallait monter quarante-cinq spectacles par saison. Pour faire ce métier, le plus difficile et le plus beau du monde, il faut d'abord aimer le théâtre, avoir de l'instruction et de la culture, travailler sans relâche et ne compter que sur un peu de chance qu'en dernier lieu…»

Il disait… C'était ça et pas autre chose. On écoutait, on l'écoutait! De doyen il n'avait que le nom, oh! non, jamais! Il était tout, il était lui, il était Barry, il était tout le théâtre.

En ce matin du 20 août 1964, cette église Saint-Denis. Le dernier acte! La tombée du rideau noir! Des fleurs dans la *grande loge* et des muets au parterre. Les présents sont là, les absents ailleurs…

Fred Barry et tous les autres: Hamel, Filion, Palmieri, Letondal, Godeau…

On ne peut pas ne pas penser aussi à la compagne de ses beaux jours: Bella Ouellette.

Adieu Fred! Adieu Fred Barry! Vieux compagnon des beaux soirs de rampe… vieux serviteur de la scène, voilà que votre plus beau rôle n'a plus de nom!

La relève vous doit de tenir maintenant haut le flambeau qui illumina votre existence.

Philippe Laframboise, *Télé-Radiomonde*, le 29 août 1964.

Une salle, un parc…

Quand Françoise Graton et Gilles Pelletier, les fondateurs de la Nouvelle Compagnie théâtrale, s'installèrent dans cet ancien cinéma de l'est de Montréal devenu le théâtre Denise-Pelletier, ils prirent l'heureuse initiative d'y inaugurer la salle Fred-Barry.

Le Service des parcs de la Ville de Montréal devait également rendre hommage au souvenir de ce grand artiste en lui consacrant un parc au sein du quadrilatère formé par les rues Saint-Urbain et Clark et les boulevards de Montigny et de Maisonneuve.

Claude Jutra, en 1958, a tourné pour l'Office national du film un documentaire sur Fred Barry pour la série *Profils et paysages*.

DEUXIÈME PARTIE
... Et les autres

Ceux de son temps

Ce temps héroïque concerne directement les défricheurs et pionniers du théâtre québécois d'expression française, issus de tous les milieux sociaux, familiaux, d'essence et de formation diverses: on les voyait surgir de partout.

Si, depuis toujours, on prétend qu'en chaque individu sommeille un comédien, l'enfance s'initie à le révéler, elle qui semble avoir inventé le cabotinage. Dans leur tout premier âge, Fred Barry et ses semblables ont sans aucun doute caboté en faisant semblant de… en jouant au docteur, à la mère, au curé. Leur époque favorisait la tenue de ces fameuses séances que chacun montait et présentait dans un coin de cour ou sous la remise. Peu importe ce que l'on jouait et ceux qu'on imitait, tout devenant prétexte au grand jeu du déguisement. D'ailleurs, les adultes succombaient au même attrait en se déguisant à qui mieux mieux, et avec quelles inventives trouvailles, chaque année, pour le Mardi gras et certains soirs de carnaval!

À la petite école, au couvent comme au collège, les bonnes sœurs et les dévoués religieux dévoilaient aussi à leurs élèves les charmes et les mystères de la comédie et de la tragédie à la faveur de «séances» périodiques devant souligner, de façon spectaculaire, la Sainte-Catherine, la Noël, l'anniversaire de Monsieur le Curé et la distribution des prix de fin d'année… les saynètes, le décor comme les costumes étant improvisés sur place, alors que les rôles féminins «subissaient» rigoureusement l'interprétation masculine…

Combien parmi tous ceux qui ont fait carrière par la suite auront reçu la piqûre du théâtre lors de leur toute première apparition publique?

Précédant notre ère des centres de loisirs et des maisons de la culture, celle de nos pionniers artistiques fit naître la mode des cercles sociaux, qui permettaient aux débutants comme aux aînés d'exercer leur talent d'acteur. Comme en témoigne cet ouvrage, on les rencontrait dans certaines paroisses de Montréal, et peut-être aussi dans des régions voisines.

Le feu sacré qui animait ces gens-là s'avère admirable. Il leur fallait tout inventer en jouant dans des endroits de fortune, certaines salles paroissiales en dehors des grands centres – sans eau courante et sans électricité – n'offrant aucun confort. Et pourtant…

Beaucoup de ces artistes, devenus par la suite des vedettes de la radio et, dans quelques cas, de la télévision, apprirent leur métier sur le tas. Théâtre de campagne, théâtre de quartier, théâtre improvisé? Théâtre artisanal avant tout: drames grand-guignolesques, mélos de cuisine, légendes patriotiques, de cape et d'épée, paysanneries religieuses… constituaient le répertoire de

Vers 1920, des comédiens en goguette un soir de Mardi gras.

ces artisans des vétustes tréteaux de ce temps-là, où les «bons» et les «méchants», maquillés au charbon de bois, expiraient sous les blafardes lueurs des lampes à pétrole.

Tous jouaient avec ardeur «en faisant pleurer Margot», et frémir d'effroi et de plaisir leur bon public. Dans un grand esprit d'évolution et sans doute aussi à bout de répertoire, plusieurs de ces comédiens découvrirent en eux un talent d'auteur dramatique et, pour être joués, formèrent leur propre troupe. Ovila Légaré, Ernest Guimond (Jean Bart), Louis-Philippe Hébert… furent de ceux-là.

Et il y eut tous les autres!

À la suite d'un long et bien courageux apprentissage, les plus doués se hissèrent peu à peu au-dessus d'un quelconque amateurisme, afin de s'aligner dans les rangs des artistes chevronnés.

Fred Barry, surnommé à juste titre, le «père du théâtre canadien d'expression française», ne pouvait que leur servir sinon de guide, du moins d'exemple et de modèle.

Henry Deyglun
(1903-1971)

Descendant de la noble dynastie des meuniers de Provence, il réussit, pendant sa vie étudiante à Paris, à gagner quelques francs en composant des fables express, genre repris ici par Jean Rafa et lui-même. C'est au légendaire *Lapin agile* de Montmartre qu'il s'exprimait ainsi et dans ce cabaret littéraire qu'il mit le pied à l'étrier en nouant des amitiés durables dont, entre autres, avec le chanteur Jean Clément. À Paris, on le retrouve également dans de notoires milieux théâtraux alors dominés par des chefs de file comme Antoine, Gémier, Copeau et Dullin…

Par la suite, il ne quittera jamais tout à fait ce monde des artistes auquel il adhère de tout son être.

Au lendemain de la Première Guerre mondiale, rêvant de voyages et d'aventures, il s'embarque clandestinement sur un navire qui doit, en principe, jeter les amarres en Amérique du Sud. Effet d'un destin sans doute tracé à son insu, après une traversée diabolique de «rat de cale», c'est toutefois sur les quais du vieux port de Montréal qu'on le libère, le 5 septembre 1921.

Inconnu, perdu, déboussolé et sans le sou, il se verra forcé d'excercer tous les métiers pour survivre. Tour à tour il travaillera au pic et à la pelle, comme fermier, comme poseur de rails de chemin de fer… avant de devenir barman chez Kerhulu, sélect restaurant français de Montréal, puis de Québec. C'est là, précisément, qu'il côtoiera les gens de théâtre dont il ne tardera pas à faire partie. Au Petit Canadien, notamment, on lui offre de petits emplois. Mais peu de temps après, soit en 1923, il retourne en France afin d'endosser l'uniforme militaire des soldats du 170e régiment d'infanterie à titre de secrétaire du colonel, puisqu'une solide instruction le lui autorisait. Dès son retour au pays, qu'il a déjà choisi comme sa seconde patrie, le 13 août 1925, il se fait naturaliser citoyen canadien.

À Montréal, donc, il retrouve ceux qu'il avait connus et quittés deux ans auparavant, et qui ont tôt fait de le reconnaître et de l'accueillir avec intérêt et amitié. Fred Barry l'invite aussitôt à reprendre sa place au sein de la troupe du Chanteclerc. Après plusieurs tournées aux États-Unis et dans la province, déjà accoutumé aux rouages du métier, le jeune et bouillant Deyglun décide de former sa propre compagnie de professionnels en devenant à la fois machiniste, poseur d'affiches, auteur, parolier, régisseur… Il rédige des programmes, des sketches, des chansons… et figure sur toutes les scènes de l'époque. Le 13 décembre 1928, il épouse la comédienne Mimi d'Estée, avec laquelle il participera, en 1930, à la création de la troupe Barry-Duquesne tout

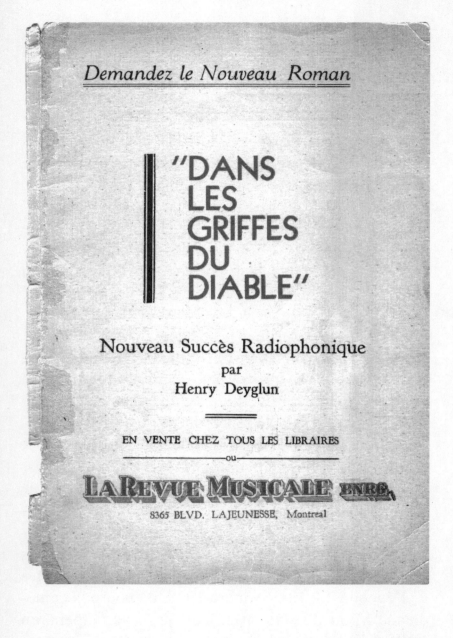

en développant son nouveau talent, celui d'auteur dramatique pour la radio.

Tout comme Robert Choquette (également romancier), Henry Deyglun figure à jamais comme pionnier du roman-fleuve radiophonique. Sur les ondes de CKAC comme sur celles de CBF, il produira alors une œuvre considérable dont les triomphes n'ont jamais été renouvelés depuis dans cette discipline populaire. Que de titres et que de succès aussi! *Les Secrets du docteur Lambert, Le Roman d'une orpheline, Mimi la petite ouvrière, Nénette et Rintintin, Cœur de maman, L'Esprit du mal, Notre maître l'amour, Dans les griffes du diable, Vie de famille, Les Secrets du docteur Morhanges...*

Chacune de ces intrigues radiophoniques était par la suite adaptée pour la scène, publiée, enregistrée sur disque... Au Québec comme en Nouvelle-Angleterre, les royales tournées de Henry Deyglun sont demeurées mémorables. Elles ont permis à nos chers comédiens de se faire applaudir partout, tout en les préservant de l'inactivité et du chômage.

Henry Deyglun a vraiment marqué son époque en léguant à tous les bases d'un édifice artistique qui assure, de nos jours, la merveilleuse succession de la génération nouvelle.

Mimi d'Estée

Issue de parents bretons, Reine Leborgne voit le jour à Paris le 9 février 1908, mais devient québécoise dès l'âge de quatre ans quand, en 1913, ses parents s'installent au pays. L'année suivante, hélas, le trio familial se disloque lors de la déclaration de la guerre de 1914, où son père meurt au champ d'honneur. Peu rayonnantes, les premières années québécoises de son enfance et de son adolescence sont en quelque sorte celles de «la veuve et de l'orpheline».

C'est à Pointe-aux-Trembles qu'elle fait ses études primaires et secondaires. À l'âge de neuf ans, dans une salle montréalaise, elle assiste à une pièce dont elle ne saisit pas tout à fait le sens mais qui lui révèle la magie théâtrale. Déjà, elle sait qu'elle sera comédienne et la découverte de la poésie de Victor Hugo et de Lamartine, qu'elle déclame à haute voix, l'incite de plus en plus à réaliser sa vocation première. Pour y parvenir, elle occupe divers emplois qui lui permettent de défrayer ses cours d'art dramatique au Conservatoire Lassalle. Gracieuse, sensible, animée, sa blonde personnalité tout

Première Reine de la radio en 1940, Mimi d'Estée rayonne le soir de son couronnement aux bras d'Eddy Baudry, journaliste et auteur de *Rue principale,* qui perdit la vie à la guerre, et de Phil Lalonde, directeur de CKAC.

comme sa voix au timbre enjoué en font *l'ingénue* par excellence.

C'est comme telle qu'elle fait ses débuts au théâtre lors de sa dernière année de conservatoire. On la demande alors pour faire partie d'une troupe dont la vedette, Palmieri, s'apprête à remplir un engagement à Wonsocket (Nouvelle-Angleterre), aux États-Unis. À cette occasion, elle devient Mimi d'Estée. Après deux saisons au cours desquelles elle rode vraiment son talent de comédienne, de retour à Montréal, on la retrouve au Chanteclerc, au sein de la compagnie de Bella Ouellette. C'est là qu'elle découvre ces grands du théâtre français d'expression québécoise, dont évidemment Fred Barry. C'est là aussi que se jouera son destin avec sa rencontre avec Henry Deyglun, qu'elle épousera plus tard, soit en 1928. Deux enfants naîtront de cette union: Micheline et Serge Deyglun. Reine de la radio, vedette de la scène et de l'écran, Mimi d'Estée demeure l'héroïne admirée d'une carrière exceptionnelle, voire incomparable. Si en elle l'artiste reste adorable sous le regard de ses camarades comme sous celui du public, la femme qui la représente ne l'est pas moins. De là, la qualité de ce personnage sans pareil.

Les sœurs Giroux

(*Antoinette Giroux, 1906-1978*
Germaine Giroux, 1902-1980)

Filles d'artiste, l'éminent photographe et portraitiste Lactance Giroux, elles furent les *grandes dames* de théâtre de l'ère Fred Barry. Reconnues ainsi pour leur personnalité flamboyante, leur chic et leur talent original, elles étaient toutefois bien différentes l'une de l'autre.

Née dans le quartier populaire de Saint-Henri, qui, depuis, domine l'œuvre littéraire de Gabrielle Roy (*Bonheur d'occasion*), Antoinette débute vers l'âge de huit ans sur les planches de l'Académie de musique, prestigieuse salle de Montréal du début du siècle.

Inné et percutant, ce talent tellement prometteur accède peu à peu aux rôles d'ingénue et de jeune première avec une aisance et un aplomb déjà d'essence professionnelle. Elle se fait remarquer et applaudir au National, comme aux Nouveautés... et auprès d'aînés chevronnés comme Becman.

Cette spectaculaire comédienne, toute blonde et dotée d'une voix aux intonations dramatiques, impressionne les gens de théâtre autant que les spectateurs eux-mêmes. Pas étonnant alors, que l'Honorable Athanase David,

168

secrétaire de la province de Québec, en fait la «première boursière en art dramatique du Québec».

En cette année 1923, donc, Antoinette Giroux part pour Paris pour un séjour d'études d'une durée de trois ans. Là-bas, elle étudie avec Denis d'Inès, qui lui ouvre les coulisses des scènes parisiennes. Avec lui et d'autres comédiens du Français, dont plusieurs sont devenus des vedettes du cinéma parlant, elle joue *Les Précieuses Ridicules*, de Molière, en tournée et, tour à tour, à l'Odéon, à la Porte Saint-Martin, à l'Ambigu, où elle se distingue dans *L'Aiglon,* de Rostand… En 1930, après sept ans d'absence, Antoinette Giroux rentre définitivement de France afin de se joindre à la troupe Barry-Duquesne. Quatre ans plus tard, elle prend la direction du Stella en formant sa propre compagnie.

En 1939, sous l'égide de France-Film et en compagnie d'Antoine Godeau et Henri Letondal, elle préside à la fondation des Comédiens associés, qui marqueront une très belle époque théâtrale, celle des grandes et triomphales saisons de l'Arcade.

Dès lors, elle partage son grand art entre la scène et le micro: *Les Grands Classiques, Histoires d'amour, La Famille Gauthier, Jeunesse dorée, L'Ardent Voyage…* et par la suite, sur la scène du Théâtre du Nouveau Monde, du Rideau vert, de l'Égrégore et autres… Le cinéma et la télévision lui offrent des rôles à la mesure de son panache d'artiste chevronnée et de comédienne adulée qui, au cours de sa longue et fructueuse carrière, créa plus de cinq cents rôles tant chez elle qu'à l'étranger.

Antoinette Giroux.

Germaine Giroux.

Moins classique et beaucoup plus spectaculaire que sa sœur Antoinette, Germaine Giroux fait ses débuts sur la scène du His Majesty's à l'âge de trois ans, dans le rôle de la petite fille de *Madame Butterfly*, célèbre opéra de Puccini. Amorcée dans des conditions aussi favorables, sa carrière d'artiste purement authentique en fera une vedette de belle envergure. Après avoir appris son métier sur les planches où elle se révèle sans cesse, dès l'âge de seize ans elle attire l'attention d'un producteur américain qui lui offre un contrat à long terme à New York. À Broadway, elle se fait applaudir dans une dizaine de créations, brillant notamment dans *Le Miracle de Verdun* et dans *Ladies of the Dury*... en partageant l'affiche avec Claude Rains. Après neuf années d'exil, c'est Fred Barry, de passage à New York, qui la convainc de revenir au pays en lui offrant les engagements les plus prometteurs.

C'est donc ainsi que Germaine Giroux reprend sa place sur nos scènes en s'exprimant aussi triomphalement dans la comédie que dans le drame, et même, plus tard, dans la chanson. Aucune comédienne d'ici ou d'ailleurs n'a pu l'égaler dans son interprétation de *Madame Sans-Gêne*, puisque la Lefèvre, c'était elle et rien qu'elle.

Après les grandes saisons du Stella et de l'Arcade, Germaine Giroux est à plusieurs reprises de la distribution des grands spectacles du TNM, dont *Henry V,* de Shakespeare et dans les *Farces* de Molière, qui lui permettent de jouer à Stratford, à Paris... Il y eut aussi, peu avant sa disparition, le théâtre de Michel Tremblay, dans

Soirée Vieux - Colombier

SALLE DU GESÙ — 1200 BLEURY
— AVEC —

La Troupe de l'Equipe
— ET —

Fred Barry
Germaine Giroux
(INVITES de l'Equipe)

★ YVETTE BRIND'AMOUR
★ ROGER GARCEAU
★ MURIEL GUILBAULT
★ EMILE JULIANY
★ JEAN SAINT-DENIS

●

DIRECTION: Pierre Dagenais.

●

DECORS: Paul Beaulieu.

●

A L'AFFICHE:

Une comédie : LE TESTAMENT, de Roger Martin
du Gard ;

Un drame : HUIS CLOS, de Jean-Paul Sartre.

●

Les représentations, à partir de dimanche soir (le 27 janv.)
se continueront pendant une semaine seulement.

●

Retenez vos billets maintenant au GESU. LA. 4453 - 7592
- 1946 -

lequel elle excella avec cette présence, ce métier et cette voix qui caractérisaient cette comédienne unique en son genre. Deux rôles à la télévision concrétisèrent heureusement ces atouts: celui de la grosse madame du *Chenal du Moine*, de Germaine Guèvremont, et celui de la lionne des *Belles Histoires des pays d'en haut*, de Claude-Henri Grignon.

Comme chanteuse et présentatrice, Germaine Giroux est la vedette maison du chic cabaret Le Quartier latin et du Bal Tabarin de Montréal durant quelque soixante-cinq semaines.

Voilà, en résumé, l'incomparable carrière des sœurs Giroux, surnommées à juste titre *les grandes dames* du théâtre de chez nous.

Albert Duquesne
(1890-1956)

Cet artiste authentique impressionnait autant par sa haute stature que par sa voix de cuivre. Cette voix, durant douze ans, captive tout en l'émouvant l'auditoire de CKAC au micro duquel, tous les soirs, il dramatise *Les Nouvelles de chez nous*.

Né Simard, d'une famille de Baie-Saint-Paul, après des premières études dans son patelin natal, il se dirige vers le collège de Saint-Hyacinthe avant de s'installer à Montréal dès l'âge de quatorze ans. Déjà attiré par une carrière d'acteur, il s'inscrit au Conservatoire Lassalle où il se familiarise avec les rudiments de la diction et les secrets de l'art dramatique.

Comédien en herbe déjà extrêmement doué, il perfectionne par la suite son métier artistique sur les planches des salles théâtrales du début du siècle.

Ses débuts s'effectuent en 1911 au sein d'une troupe française alors à l'affiche du Canadien, sous le pseudonyme de «Duquesne». Dans les grandes pièces du répertoire français, il brille ainsi comme jeune premier, notamment dans le rôle fort romantique d'Armand Duval dans *La Dame aux camélias,* d'Alexandre Dumas, fils. Du National de Montréal à l'Impérial de Québec, on l'applaudit partout et même lors de tournées aux Antilles ou ailleurs.

En 1915, sa rencontre avec Fred Barry oriente la carrière de cet homme de théâtre accompli, déjà si prometteuse. Ces deux comédiens dont le talent se reconnaît partout font un tout de leur personnalité pourtant bien différente, en s'alliant pour fonder la Compagnie Barry-Duquesne, depuis longtemps passée à l'histoire.

Dans le souvenir de tous ceux qui l'ont connu, aimé et admiré, Albert Duquesne s'inscrit à jamais comme le viril interprète de tant de rôles du répertoire français comme de notre naissante dramaturgie. Il a fait ainsi confiance à des auteurs qui lui écrivirent des personnages sur mesure, devenus inoubliables: Alexis Labranche, dans *Un Homme et son péché*, de Claude-Henri Grignon, l'aventurier Yvan, dans *Yvan l'intrépide*, de Jean Desprez, le Padre, dans *Tit-Coq*, de Gratien Gélinas… et combien d'autres, sans omettre les œuvres de Henry Deyglun et de plusieurs autres, tour à tour créées à la radio, sur disque, sur scène, sur le petit comme sur le grand écran.

Artiste sincère et de grande classe, au cours d'une carrière bourrée d'activités et de réalisations diverses, qui n'a jamais connu de répit, il s'est toujours soucié de servir avec autorité et élégance cette langue française qu'il a tant aimée.

Marthe Thiery (1902-1979)

Fille unique de Antoine Bailly – dit Godeau –, elle naît un soir de «première» le 5 janvier 1902. Après avoir fait son apprentissage d'homme de théâtre dans plusieurs grands théâtres de Paris, ce Français vient s'établir au Québec au tout début du siècle pour devenir l'un des fiers pionniers du théâtre français au Québec.

Avec Palmieri, Elzéar Hamel et J.-P. Filion, il fonde le Théâtre des Variétés avant de s'installer au National, et plus tard à l'Arcade. Comédien, directeur de théâtre, administrateur, il apporte beaucoup aux nôtres, qui le considèrent aussitôt comme un chef de file et une autorité d'envergure. C'est lui qui oriente la carrière de sa fille adorée en la hissant sur les planches dans un mélo western, alors qu'elle n'est âgée que de cinq ans. Mais les débuts véritables de celle qui devint Thiery se produisent en 1917, alors qu'elle personnifie Maria Chapdelaine, selon une adaptation scénique de Paul Gury, du célèbre roman de Louis Hémon.

La jeune comédienne n'a que quinze ans, mais sa personnalité et sa voix sont déjà celles d'une adulte. Ainsi,

Marthe Thiery dans son rôle de grand-maman en compagnie de Marie-Marthe Geneviève Brière, enfant de Monique, l'une des trois filles du couple Thiery-Duquesne.

À la télévision de Radio-Canada, Albert Duquesne fut le présentateur de la série dramatique *Corridor sans issue.*

177

séduite par sa nouvelle carrière artistique, elle renonce au grand rêve de son adolescence, la médecine.

En 1922, Marthe Thiery part pour l'Europe, afin de présenter là-bas *Le Mortel Baiser*, pièce sociale de Paul Gury. Cette tournée lui permet de se faire applaudir dans toutes les provinces françaises, de même qu'en Belgique. Elle refuse même les contrats d'une carrière internationale pour revenir au pays, afin de se joindre à la troupe Barry-Duquesne, et… d'épouser Albert Duquesne, le 28 décembre 1925.

Elle ne cesse jamais, par la suite, d'exprimer son admirable talent de comédienne, sur scène, à la radio, sur disque, à la télévision comme au cinéma. C'est d'ailleurs au petit écran qu'elle a l'occasion de jouer ses plus beaux rôles à la toute fin de sa carrière: Pirandello, Lorca, Camus… en devenant même l'héroïne de *La Balsamine*, le très humain téléroman de Jean Filiatrault.

Durant sa longue et fructueuse carrière, Marthe Thiery offre sans cesse l'image d'une dame discrète et noble, d'une artiste racée et combien respectable.

Juliette Béliveau (1889-1975)

Cette chère Juliette Béliveau!

Admirée et adorée de tous, on disait d'elle avec un infini respect: la «Grande Petite Madame Béliveau». Petite de taille, elle était grande en tout. Grande de talent, de sollicitude, de modestie. Elle savait tout faire, en se métamorphosant en tout.

Née à Nicolet avec une âme et un tempérament d'artiste, elle fait ses débuts au Théâtre des Nouveautés de Montréal, sous le nom de la Petite Sarah. Le poète Louis Fréchette profite du passage au Québec de la grande Sarah Bernhardt pour lui présenter la toute mignonne enfant. Elle prendra la petite Juliette sur ses genoux en lui faisant promettre de venir l'applaudir à Paris un jour.

Enfant-vedette, Juliette Béliveau interprète tous les classiques auprès des grands noms de la scène française en tournée au Québec. À l'adolescence, se rendant compte qu'elle ne grandirait plus, elle renonce – non sans une amère déception – à la carrière de tragédienne à laquelle elle aspire, afin de se spécialiser dans le répertoire de boulevard, les comédies légères, les revues,

Son numéro le plus comique fut sans contredit celui de la cantatrice décrépite qui s'étourdissait à chanter *Dieu seul me le rendra!*

Dramatiquement sublime dans le fameux monologue de la tante Clara (*Tit-Coq,* de Gratien Gélinas), l'un des plus notoires moments de toute notre dramaturgie.

les variétés, et même le cabaret. Tout le Québec découvre en elle *sa* comique numéro un. Pendant plus de soixante ans, elle fait crouler de rire tous les publics. On la croit fragile, mais son dynamisme demeure toujours sans égal. Elle ne joue pas, parce qu'elle se livre toujours corps et âme en utilisant son talent comme un sacerdoce.

Juliette Béliveau sait tout faire, justifiant par le fait même son titre de «pionnière» de l'histoire de notre théâtre, de notre industrie du disque, de notre radio, de notre télévision et de notre cinéma. Nous conservons jalousement ses enregistrements phonographiques. Nous nous souvenons de ses nombreux personnages radiophoniques… et de *L'Émission Juliette Béliveau*. N'est-elle pas la seule de tous les artistes du micro à signer un fabuleux contrat radiophonique d'une durée de quatre ans en grande exclusivité?

La télévision, et même le cinéma, s'initièrent à consacrer à jamais cette irremplaçable grande artiste.

Cette «grande petite Madame Béliveau» demeure, tout au cours de sa longue et fabuleuse carrière, la chérie du public, comme de ses camarades. Vedette à part entière sur la grande affiche, elle refuse toujours de l'être dans la vie de tous les jours. Dans son quartier comme dans les rues de la grande ville, on la retrouve humble et souriante. En empruntant les transports en commun, elle parle et tend la main à tous ceux qui n'ont aucun mal à la reconnaître. Femme de très grande culture, elle collectionne les œuvres de Colette, Sacha Guitry, Francis Carco… s'entourant de belles reliures, de disques rares, de gravures anciennes… Son légendaire appartement de la rue Saint-Hubert ressemble à une sorte de musée «montmartrois». C'est à la fin de sa vie qu'elle fut enfin en mesure de réaliser le grand rêve de toute son existence: voir Paris et visiter Montmartre.

Cette chère Juliette Béliveau!

Trop aimée pour être un jour oubliée.

Henri Poitras
(1896-1971)

Sous le pseudonyme de Dauvilliers, le comédien Henri Poitras débute au Chanteclerc en 1918. Né dans le Faubourg-Québec, il étudie l'art dramatique au Conservatoire Lassalle avec le fondateur, Eugène Lassalle, où plus tard il devient professeur à son tour.

Sergent à Valcartier durant la Première Guerre mondiale, dès son retour à la vie civile, il reprend son métier d'acteur en faisant sa rentrée à l'Arcade. Dès lors, sa carrière se déroule sans interruption.

Personnage d'opérette, Henri Poitras joue, chante et danse à la Société canadienne d'opérette, aux Variétés lyriques, etc.

Tout en incarnant divers personnages à la radio, après avoir été codirecteur de l'Impérial à Québec, il fonde son Théâtre du Rire. Comme auteur, on lui doit une cinquantaine de comédies en un acte, non publiées.

C'est le grand (il tourne dans les studios de Paris aux côtés de Madeleine Robinson) et le petit écran qui consacrent pour toujours son talent d'acteur; son jeu, d'un naturel peu commun, lui assure l'admiration de

Jambe-de-bois.

tous les spectateurs. Qui, mieux que lui, aurait pu conférer au rôle du quêteux Jambe-de-bois, des *Belles Histoires des pays d'en-haut*, de Claude-Henri Grignon, une telle dimension? Personnage vraiment inoubliable que celui-là!

Henri Poitras, bon vivant et tellement sympathique, était l'époux de la comédienne Lucie Poitras.

Jacques Auger
(1901-1975)

Premier boursier de la province en art dramatique, il voit le jour à Hull. Dès l'âge de neuf ans, il aborde la scène avec les comédiens du Cercle Saint-Jean. La découverte des grands auteurs dramatiques l'inspire pour fonder sa propre troupe, qui remporte de beaux succès à Hull, ainsi qu'à Ottawa. Invité à venir jouer au Monument national, sa voix de bronze, tout comme sa présence, font la conquête du public montréalais et de certaines autorités politiques, si bien qu'en 1930, il obtient sans difficulté une bourse du gouvernement provincial qui lui permet d'aller se perfectionner en Europe.

Dès 1930, il se retrouve à Paris où il étudie tous les secrets de son métier, tout en suivant des cours à la Sorbonne. C'est là-bas qu'il épousera Laurette Larocque, dite Jean Desprez, qui jouera un rôle considérable dans sa carrière.

Devenu pensionnaire de l'Odéon, il participe à plusieurs tournées officielles en France et à l'étranger. De retour au pays après trois ans d'absence, Jacques Auger brille constamment sur des scènes dignes de son talent

Jacques Auger et Antoinette Giroux: *Les Grands Classiques* au micro de Radio-Canada.

et au micro de Radio-Canada, où il prête sa voix dramatique au théâtre classique, aux maîtres de la musique,
ainsi qu'aux pages les plus représentatives de nos poètes et de nos écrivains.

Nous conservons de cet homme d'aspect sévère et de
ce comédien spécialisé un document visuel et sonore,
avec le film *La Forteresse*.

Ovila Légaré
(1901-1978)

Trois talents de choix, mis au service d'un incomparable et fort ingénieux don de créateur, résident dans ce gaillard ô combien sympathique! On admire chez lui le folkloriste, l'auteur et le comédien.

Né à Drummondville, dès l'âge de dix-neuf ans il fonde La Bohème, une troupe de théâtre qui permet à cet autodidacte talentueux de roder son métier à même son propre conservatoire. À Montréal, il se fait tout d'abord connaître comme folkloriste. Il fait dès lors partie des *Veillées du bon vieux temps*, de Conrad Gauthier, au Monument National. Comme folkloriste toujours, il enregistre ses premiers disques 78 tours à New York (Columbia), et peu après sous étiquette Starr, avec comme accompagnatrice Mme Édouard Bolduc, avec laquelle, d'ailleurs, il enregistre quelques chansons en duo. Avant de disparaître prématurément, le folkloriste Charles Marchand lui lègue tout son répertoire. Sur disque, Ovila Légaré se fait aussi applaudir comme auteur-compositeur; l'une de ses chansons, *Le Temps du jour de l'an* («Tape la galette, les garçons, les filles avec…»)

Sous le signe du lion.

est devenue l'un des grands classiques du folklore québécois.

La radio ne tarde pas à récupérer ce talent exceptionnel. Après avoir été *Le Curé de village*, de Robert Choquette, entre autres, il soulève l'étonnement et l'admiration de tous en écrivant *Nazaire et Barnabé*. Au micro de CKAC, en direct, son camarade Georges Bouvier et lui font vivre une trentaine de personnages tout aussi typiques et amusants les uns que les autres. Et, bien sûr, il y a aussi *Zézette,* et bien d'autres encore…

Enfin, le comédien prend une dimension gigantesque, sur scène comme à la télévision, à la faveur de trois grands rôles: César, dans *Marius*, de Marcel Pagnol, une présentation de l'Équipe de Pierre Dagenais; le père Didace Beauchemin, du *Survenant* et *Marie-Didace,* de Germaine Guèvremont; Jérémie Martin, de *Sous le signe du lion*, de Françoise Loranger.

Et le cinéma – cet art qui a vraiment tué la mort – nous permet aujourd'hui de conserver la voix, le visage et la personnalité de cet artiste admirable. Il a tourné plusieurs films dans nos studios, comme à l'étranger, dont *I Confess*, sous la direction d'Alfred Hitchcock.

Henri Letondal

Fils du musicien Arthur Letondal, cet homme jovial et inventif déborde d'énergie et de talent. En fait, il a tous les talents.

Henri Letondal, journaliste, critique, comédien, chanteur, dessinateur, scripteur, auteur, revuiste, metteur en scène, parolier, réalisateur… toujours aussi présent qu'infatigable!

Henri Letondal fonde Le Chat botté, premier cabaret français de Montréal; il est à la tête de l'avènement des Comédiens associés du Théâtre Arcade; il écrit et produit des revues au Stella; il écrit les plus belles chansons du compositeur Léo Lesieur; il lance sur les ondes radiophoniques *L'Heure provinciale*, grand magazine culturel; il est directeur des programmes à CKAC; avec Paul Foucreau, il compose le duo chantant *Les Deux Copains*; il écrit et réalise des séries radio comme *Histoires d'amour* et *La Famille Gauthier;* il adapte pour Radio-Canada *Les Joyeux Troubadours*, version québécoise d'une série américaine…

Impossible, vraiment impossible de cerner la brillante et féconde carrière d'un tel phénomène!

Henri Letondal termine ses jours à Hollywood comme correspondant, mais surtout comme acteur de soutien. Il tourne dans une vingtaine de films en compagnie de vedettes comme Victor Francen, Ray Milland, Charles Laughton, Kirk Douglas... dont *Razor's Edge*.

Sita Riddez

Fille du chanteur d'opéra et professeur Jean Riddez, cette comédienne très classique revient au pays à la veille de la Seconde Guerre mondiale, après un long séjour d'études et un début de carrière fort prometteur en Europe. Après avoir joué les grands classiques du répertoire français sur nos scènes et à la radio, elle se consacre définitivement à l'enseignement.

Amanda Alarie

Comme ses deux filles, Pierrette et Marie-Thérèse, Amanda Alarie née Plante, débute comme cantatrice avant de révéler ses dons de comédienne. Elle étudie le chant et le piano afin de faire entendre sa belle voix de soprano dramatique à la Société canadienne d'opérette, en concert, accompagnée par son mari Sylva Alarie, maître de chapelle et directeur d'un célèbre trio instrumental.

Avant de devenir la maman Plouffe de tout le Québec, Amanda Alarie est une importante vedette de la radio et l'une des héroïnes des *Fridolinades*, de Gratien Gélinas. Ce dernier lui écrit le rôle de la mère Désilets, qu'elle crée et joue avec beaucoup de succès dans la pièce et le film *Tit-Coq*.

Elle est décédée en décembre 1962.

Alfred Brunet
(1907-1982)

Doté d'un timbre de voix très radiophonique et ayant développé une diction impeccable, il est le jeune premier de la scène et de séries radiophoniques. En pleine popularité, il laisse tout tomber afin d'aller perfectionner son art et sa culture à Paris. À son retour, il se consacre à l'enseignement.

Clément Latour
(1911-1961)

Comédien, scripteur, réalisateur, Clément Latour était le pseudonyme de l'avocat Bernard Hogue. Passionné de radio – *Les Fusiliers de la gaieté*, *Les Joyeux Troubadours*, il néglige quelque peu la scène. Pourtant, il est de toutes les *Fridolinades* de Gratien Gélinas, en créant à ses côtés, au théâtre comme au cinéma, le rôle de Jean-Paul dans *Tit-Coq*. Mais c'est le rôle du fainéant Amable, du *Survenant* de Germaine Guèvremont, qui met davantage son talent en évidence.

Camille Ducharme
(1908-1984)

À cause sans doute de son physique et de son style, on le cantonne dans des rôles de docteur, d'avocat, de notaire… N'est-il pas tour à tour le notaire Bellerose du *Curé de village*, de Robert Choquette, et le notaire Lepotiron des *Belles Histoires des pays d'en haut*, de Claude-Henri Grignon?

Natif des Cantons de l'Est, Camille Ducharme fait ses débuts officiels au Stella chez Barry-Duquesne, dès l'âge de vingt ans.

Au théâtre, l'une de ses plus savoureuses compositions lui est inspirée par Pierre Dagenais, le directeur-fondateur de l'Équipe, qui lui confia, dans *Marius*, le rôle de monsieur Brun.

Nana de Varennes (1887-1980)

Nana de Varennes n'a que seize ans quand elle monte sur scène pour la première fois. Un an plus tard, elle fait la connaissance de Roméo de Varennes, lui-même acteur et chanteur. Après leur mariage, ils effectuent de nombreuses tournées tout en devenant les parents de six enfants. Tous ont fait du théâtre dès leur plus jeune âge. Cependant, seules Simone et Berthe ont vraiment fait carrière.

Les de Varennes forment leur propre groupe en présentant ici et là de gros mélos, dont le drame de *La Petite Aurore*, leur plus grand succès.

Après avoir été caissière au Stella, souffleuse dans différents théâtres et directrice d'une compagnie artistique, Nana de Varennes fait surtout carrière à la télévision. Pour la plupart d'entre nous, son souvenir évoque sans cesse celui de la cousine de Pot-au-Beurre du *Survenant*, de Germaine Guèvremont, de la Démerise du père Gédéon de *La Famille Plouffe*, de Roger Lemelin et de l'arrière-grand-mère de *Quelle Famille!*, de Janette Bertrand.

Jean-Paul Kingsley

Au théâtre, Jean-Paul Kingsley interprète tous les rôles possibles et imaginables au cours de sa longue et réjouissante carrière, et souvent auprès de grandes vedettes comme Victor Francen. Dans la pièce *La Passion*, sa personnification du Christ s'inscrit noir sur blanc dans nos annales du monde du spectacle.

Marc Forrez

Grand Prix de Poésie (1925) de la Société des poètes, il fait ses débuts de comédien en 1928 à la radio de Québec. Après avoir joué en Algérie, il dirige une troupe à Québec. Ainsi, durant sept ans (quarante semaines par année), il a tourné à travers toute la province. Il joue à la télévision et tourne au cinéma, entre autres dans *La Petite Aurore* et *Cœur de maman,* de Henry Deyglun.

Roger Garceau

Ce comédien est le jeune premier des années 40 et 50, notamment au beau temps du Théâtre Arcade.

François Lavigne

C'est alors qu'il était élève à Saint-Laurent que le jeune François Lavigne se découvrit un goût profond pour le théâtre. Émile Legault, C.S.C, l'animateur des Compagnons de Saint-Laurent, lui ouvrit la voie des classiques français. On ne pouvait mieux débuter et le comédien François Lavigne ne tarda pas à acquérir une belle autorité. En 1938, il décroche le trophée Jean Lallemand pour la meilleure prestation individuelle. Il connaît ensuite une très grande popularité à la radio en tenant, auprès de Mimi d'Estée, le rôle du docteur Langevin, dans le roman-fleuve *Grande sœur*, de Louis Morrisset.

Ernest Guimond
(1898-1977)

Pianiste dans les salles où l'on projette des films muets, il monte sur les planches en 1927. Dès cette année-là, et jusqu'en 1956, il dirige une troupe qui joue ses propres pièces, soit une quarantaine de comédies et de mélodrames. À la radio, sous le pseudonyme de Jean Bart, il écrit également quelque trois cents textes. Cet artiste fort original acquiert une belle renommée en créant le rôle de l'oncle Zéphyr, dans *Le Survenant*, de Germaine Guèvremont, à la télévision.

Louis-Philippe Hébert
(1902-1978)

Eh oui! Le Père Laloges des *Belles Histoires des pays d'en haut*, de Claude-Henri Grignon, c'est lui! Avant de faire ses débuts à la télévision, comme beaucoup de ses camarades, il construit son métier de comédien en jouant ici et là au sein même de sa propre troupe.

Julien Lippé
(1904-1978)

Sans jamais accéder au rang de vedette, ce comédien, toujours présent au sein du grand univers des spectacles, mène sa carrière à bon port.

L'une de ses dernières apparitions à la télévision met en vedette le Père Zim, des *Belles Histoires des pays d'en haut.*

Paul Guèvremont
(1902-1979)

Après ses débuts comme amateur en 1919, cet acteur d'allure très québécoise ne s'est jamais éloigné du monde théâtral où tous les emplois lui sont permis. Sur scène ou dans les coulisses, on le retrouve comme régisseur, directeur, metteur en scène… tout en se spécialisant dans les rôles de composition. À l'été 1938, sur le Mont-Royal, devant une foule de dix mille spectateurs, il joue Cyrano, personnage dont il rêve depuis quinze ans, exploit demeuré le plus beau souvenir de sa longue carrière. Mais, sans aucun doute, c'est le personnage de Théophile Plouffe de la famille du même nom, telle que présentée par Roger Lemelin à la télévision, qui consolide définitivement sa popularité, en couronnant le talent de cet artiste extrêmement doué.

Armand Leguet

Il débute en 1918, à l'âge de vingt ans. Il a joué dans tous les théâtres de Montréal. À la tête de sa propre troupe, il a fait de nombreuses tournées à travers le Québec et même à l'étranger. Régisseur des tournées françaises en Amérique, il tient de petits rôles auprès d'acteurs venus de Paris. La radio, la télévision et le cinéma entretiennent son talent. Armand Leguet, comme auteur, nous lègue seize contes dignes de sa mémoire.

Arthur Lefebvre

Arthur Lefebvre fut le populaire oncle Arthur de tous les jeunes du *Club juvénile*, émission présentée par CKAC tous les samedis matin, de onze heures à midi. Comme comédien, Arthur Lefebvre brilla dans plusieurs séries radiophoniques dont *Rue principale* ainsi qu'au cinéma, notamment dans *Séraphin* et *La Forteresse*.

Jean-René Coutlée

Sur scène comme à la radio, ce bel acteur a beaucoup de succès. Toujours très en demande, il joue dans tous les coins de la province et même en Nouvelle-Angleterre, au cours des nombreuses tournées des années 30 aux années 50. À la radio, il devient très populaire en personnifiant le docteur Pinson dans le roman-fleuve *Ceux qu'on aime*.

Yvette Mercier-Gouin

Yvette Mercier-Gouin a écrit plusieurs pièces, qui sont présentées par les Comédiens associés du Théâtre Arcade, ainsi qu'à Paris.

Margot Teasdale

Tout comme sa sœur Jeannette, elle fait partie de la grande famille artistique de Fred Barry. Hélas, elle est morte prématurément au début des années 40, alors qu'elle était admirable et admirée dans le rôle de Louise Lanoix, du roman-fleuve *Ceux qu'on aime*, diffusé à CKAC.

Ernest Pallascio-Morin

Journaliste, écrivain, poète… Il joue un grand rôle dans la colonie artistique de l'époque. Homme de grande culture, il publie de nombreux ouvrages et signe des séries radiophoniques comme *La Louve* et *Gare centrale*, à CKAC. Dramaturge, il écrit également des pièces de théâtre jouées par les Comédiens associés du Théâtre Arcade. Dans ses mémoires, intitulés *Sacré métier*, publiés en 1990, il se souvient de Fred Barry: «Fred était un homme très attachant. Il possédait une rare capacité de s'adapter à n'importe quel rôle, comique ou dramatique. Un artiste complet au théâtre.»

Olivette Thibault
(1914-1995)

Cette adorable artiste nous a quittés le 12 décembre 1995, la semaine même où le manuscrit de ce livre devait être remis à l'éditeur. Elle était âgée de 81 ans.

Olivette Thibault est une petite femme adorable et une comédienne d'une vitalité peu commune. Elle respire la bonne humeur. Comme ingénue et comme personnage d'opérette, elle ne récolte que des succès tout au long de sa florissante carrière. Adolescente ou presque, elle se fait tout d'abord connaître et applaudir au Théâtre Stella, au sein de la troupe Barry-Duquesne. Peu après, il y a les Variétés lyriques (1936-1953), de nombreuses revues, dont celles de Gratien Gélinas… Elle fait le tour de nos diverses scènes théâtrales, de la radio, beaucoup de télévision et quelques films, dont *Mon oncle Antoine*, de Claude Jutra.

À celle qui nous a toujours tant amusés, à celle que nous avons toujours tant aimée, nous exprimons ici la certitude de notre souvenir le plus durable.

La dernière rencontre
Ce jour-là, à la Comédie Canadienne, Fred Barry et
Paul Gury (Loïc Le Gouriadec) se plaisaient à évoquer plus d'un demi-siècle de bons souvenirs. Gury
suivra Barry dans la tombe au mois de novembre
1974, dans sa quatre-vingt-sixième année.

Claude-Henri Grignon et son interprète Hector
Charland, le Séraphin Poudrier radiophonique de
Un Homme et son péché.

216

Jean Desprez et Robert Choquette, tout comme Henry Deyglun, Claude-Henri Grignon, Louis Morisset, Paul Gury, Henri Letondal… ont sauvé les gens de théâtre du chômage et de l'oubli en écrivant pour eux des séries radiophoniques qui ont fait époque.

Au micro de Radio-Canada, Estelle Mauffette (Donalda) et Hector Charland.

En guise de conclusion

Fallait-il vraiment – non sans un admiratif sentiment de reconnaissance – rendre ainsi hommage à tous ces gens qui ont fait œuvre d'artistes en consacrant leur vie à l'expression théâtrale et à la chose artistique?

Nous le croyons fermement!

La plupart d'entre eux, mus par leur instinct, leur sincérité et ce feu sacré qui les animait, ont marqué leur époque. Dans des conditions précaires et avec des moyens de fortune, croyant à leur mission d'amuseurs publics, tous ont jeté les bases de l'édifice culturel du théâtre québécois… ouvrant ainsi la voie aux fiers constructeurs d'après la Seconde Guerre mondiale. Il faut se souvenir:

Sans Julien Daoust, Antoine Godeau, Fred Barry, Albert Duquesne, Henry Deyglun et leurs semblables, les premiers chapitres de l'histoire du théâtre français du Québec n'auraient pu être écrits. Sans pionniers, aucune richesse patrimoniale ne s'avère possible.

Fred Barry peut être remercié d'avoir ainsi transmis à ses successeurs le flambeau de l'art théâtral. À sa suite, les Pierre Dagenais, Jean Desprez, Gratien Gélinas,

Francoise Graton, Gilles Pelletier, Émile Legault, Jacques Languirand, Françoise Berd, Jeannine Beaubien, Yvette Brind'Amour, Monique Lepage, Marcel Dubé, Jean Gascon, Jean-Louis Roux, Marjolaine Hébert, Jean Duceppe, Paul Hébert, Michelle Rossignol, Jean-Claude Germain, Michel Tremblay… n'auront eu qu'à le magnifier en le revalorisant sans cesse.

Remerciements

Plusieurs références et documents photographiques
contenus dans cet ouvrage m'ont été légués par:
José Delaquerrière
Antoinette Giroux
Germaine Giroux
Simone Roberval
Henri Poitras
… auxquels j'exprime de loin mon entière gratitude
en fleurissant ainsi leur cher souvenir.
Ph. L.

Liste des noms cités

Alma, Rose

Alys, Aurore

Antoine

Auger, Jacques

Aumont, Jean-Pierre

Arrel, Pierre (dit Durand)

Baulu, Roger

Baur, Harry

Baudry, Édouard

Becman, Edgard

Bédard, Rolland

Béliveau, Juliette

Béraud

Berry, Jules

Biondi, Fernand

Boivin, René-O.

Brière, Benoît

Brind'Amour, Yvette

Brousseau, Serge

Brunet, Alfred

Carbonneau, Fred

Cardinal, Jos

Carignan, Olivier

Castel

Cazeneuve, Paul

Chapleau, M.

Charland, Hector

Chevalier, J.-F.

Choquette, Robert

Clément, Jean

Cloutier, Albert

Cloutier, Eugène

Coëdel, Lucien

Copeau, Jacques

Corbeil, Émile

Coutlée, René

Dagenais, Pierre

Daoust, Julien

Daoust, Edmond

D'Arcy, Guy

Darmor, René

Daunais, Lionel

Dauriac, Gaston
David, Athanase
David, L.O.
De Féraudy, Maurice
Deguire, Jeannette
Delage, Gérard
Delaquerrière, José
Delbreux, Jean
Demons, Jeanne
Deslauriers, Jeanne
Desmarteaux, Alex
Desprez, Suzanne
Desprez, Jean
D'Estée, Mimi
De Varennes, Berthe
De Varennes, Nana
De Varennes, Roméo
De Varennes, Simone
Devoyod, Marthe
Deyglun, Henry
Deyglun, Micheline
Deyglun, Serge
Dhavrol, F.
D'Inès, Denis
Drapeau, Art
Dullin, Charles
Duquesne, Albert
Dumestre
Durand, Pierre (Arrel)

Duvivier, Julien
Filion, J.-P.
Flamand, Me Alban
Frey, Jeanne
Gabin, Jean
Gagnon, Claude-Lyse
Gamache, Marcel
Garceau, Roger
Gauthier, Blanche
Gauvreau, Georges
Gélinas, Gratien
Giroux, Antoinette
Giroux, Germaine
Giroux, Lactance
Godeau, Antoine
Goulet, Charles
Grenier, M.
Grignon, Claude-Henri
Guèvremont, Paul
Guilbault, Muriel
Guireaud, Jean
Guisol, Henri
Gury, Paul
Hamel, Elzéar
Huot, Juliette
Jasmin, Judith
Jodoin, Laurent
Juliany, Émile
Kingsley, Jean-Paul

Lalonde, Phil
Landreau, Georges
Landry, Marie-Louise
L'Anglais, Paul
Langlois
Larocque, Laurette
Lapointe, Marthe
Latour, Clément
Laurier, Sir Wilfrid
Lauzon, Adrien
Leclaire, Armand
Lefaur, André
Légaré, Ovila
Leguet, Armand
Léry, Raoul
Letondal, Henri
Lombard, Fred
Luguet, André
Mallet, R.
Martin, Lucien
Martin du Gard, Roger
Massicotte, Edmond
Maubourg, Jeanne
Mauffette, Estelle
Mauffette, Guy
Meussot, F.
Miral, B.
Max, Jane
Molière

Montpetit, Pascale
Nadeau, Monic
Novarro, Ramon
Oligny, Huguette
Ouellette, Bella
Palmieri
Pagnol, Marcel
Pellerin, Hector
Pelletier, Maurice
Périer, Dame Hector
Petitjean, L.
Poitras, Henri
Poitras, Lucie
Ponton (costumier)
Popesco, Elvire
Poulin, Henri
Proulx, Hughette
Provost, Marcel
Puccini
Quatuor Alouette
Rafa, Jean
Raimu
Rains, Claude
Renaud, Madeleine
Rey-Duzil, Rose
Riddez, Sita
Rigneault, Alexandre
Roberval, Albert
Roberval, Simone

Du même auteur

Les Vacances de Lili, récit pour adolescents, Éditions Le Devoir, 1948.

Rolande Désormeaux: sa vie, sa carrière, son souvenir, Éditions des Succès populaires, 1963.

Adieu Fred Barry, plaquette-souvenir, à compte d'auteur, 1965.

Au revoir Mariano, Collection Mini-Poche Éclair, 1970.

Billets du soir, Collection Éclair, 1970.

Fernandel l'Immortel, Collection Mini-Poche Éclair, 1971.

Tino Rossi, Éditions La Presse, 1972.

Jean Grimaldi présente, Éditions René Ferron, 1973.

La Poune, Éditions Héritage, 1978.

Du soleil à travers mes larmes, biographie de Clairette, Éditions de Mortagne, 1982.

La Sexualité bien expliquée, en collaboration avec le Dr Auguste Hébert, Éditions Proteau, 1983.

Cinquante ans d'amour, biographie de Tino Rossi, Éditions Proteau, 1983.

Dieu chez Piaf, Éditions Proteau, 1983.

Chantons, la mer est belle, paroles de soixante-quinze chansons populaires, Éditions Concilium, 1984.

Olivier (Guimond), Éditions Stanké, en collaboration avec Gilles Latulippe, 1985.

50 ans de radio, album souvenir du cinquantième anniversaire de Radio-Canada, écrit avec divers collaborateurs, 1986.

La Vie d'artiste ou *Le Cinquantenaire de l'Union des artistes,* comme collaborateur de l'auteur Louis Caron, 1987.

C'était l'bon temps, Collection de 7 volumes, 100 pages, historique de 175 chansons populaires, paroles et musique, Éditions Super Magazine et T.-M., dès 1974.

350 chansons d'hier et d'aujourd'hui, Publications Proteau, 1992.

La Bolduc, 72 chansons populaires, Éditions VLB, 1992.

Billets et pensées du soir, Éditions Trois, 1992.

Le Patriote, monument culturel, 1994.

A également collaboré à la rédaction des huit volumes du *Mémorial de Québec,* et de l'*Encyclopédie de la musique au Canada.*

Les Éditions LOGIQUES

INFORMATIQUE

Informatique (général)

Informatique / L'informatique simplifiée

LX-023   WordPerfect 5.0 DOS simple et rapide
LX-022   WordPerfect 4.2 DOS simple et rapide
LX-093   WordPerfect 2.1 Macintosh simplifié

Informatique / Les Incontournables

LX-085   L'Incontournable Lotus 1-2-3
LX-087   L'Incontournable MS-DOS
LX-148   L'Incontournable Système 7
LX-092   L'Incontournabble Windows 3.1
LX-193   L'Incontournable Word 5.1 Mac
LX-195   L'Incontournable Wordperfect 6.0
LX-086   L'Incontournable Wordperfect 5.1
LX-150   L'Incontournable Word pour Windows

Informatique / Les Notes de cours

LX-385   Excel 7.0 Windows 95, fonctions de base
LX-277   Excel 5.0 Windows, fonctions de base
LX-259   Excel 5.0 Windows, fonctions intermédiaires
LX-216   Excel 4.0 Windows, fonctions de base
LX-270   Filemaker Pro 2 Mac, fonctions de base
LX-172   Harvard Graphics 1.02, fonctions de base
LX-271   Illustrator Macintosh, fonctions de base
LX-271   Illustrator Macintosh, fonctions intermédiaires
LX-372   Internet, fonctions de base
LX-330   Lotus 1-2-3 v. 5 Windows, fonctions de base
LX-321   Lotus 1-2-3 v. 5 Windows, fonctions
         intermédiaires
LX-214   Lotus 1-2-3 v. 4 Windows, fonctions de base
LX-243   Lotus 1-2-3 v. 4 Windows, fonctions
         intermédiaire
LX-190   Lotus 1-2-3 v. 1.1 Windows, fonctions
         de base

LX-241   WordPerfect 6.0 Windows, fonctions de base
LX-116   WordPerfect 5.0 Windows, fonctions de base
LX-117   WordPerfect 5.0 Windows, fonctions
          intermédiaires
LX-215   WordPerfect 6.0 DOS, fonctions de base
LX-236   WordPerfect 6.0 DOS, fonctions intermédiaires
LX-145   WordPerfect 5.1 DOS fonctions de base
LX-146   WordPerfect 5.1 DOS fonctions intermédiaires
LX-151   WordPerfect 5.1 DOS, fonctions avancées

Informatique / La nouvelle vague

LX-408   Amipro Windows 3.0
LX-415   CorelDraw Windows
LX-419   Excel 7 pour Windows 95
LX-412   Excel 5.0 Windows
LX-416   Internet – La nouvelle vague
LX-414   Internet
LX-404   Lotus 1-2-3 Windows 4.0
LX-418   Microsoft Word 7 pour Windows 95
LX-409   MS-Works Windows 3.0
LX-402   Quattro ProWindows 5.0
LX-410   Quicken version 7 DOS
LX-405   TOP 10 DOS
LX-407   TOP 10 Macintosh
LX-417   Windows 95
LX-400   Word Windows 6.0
LX-403   WordPerfect Windows 6.0

LITTÉRATURE GÉNÉRALE

Santé

LX-342   Le guide de pharmacologie psychiatrique
LX-162   La fatigue chronique: 50 vérités cachées
LX-169   La santé intime des femmes

Psychologie

LX-348   L'art de garder son cerveau en forme
          à la retraite
LX-344   Les gens qui en font trop
LX-199   Les hommes viennent de Mars, les femmes
          viennent de Vénus

Réalisation

LX-345   L'école qualité
LX-239   Le parent entraîneur
LX-252   Les quatre clés de l'équilibre personnel

Business

LX-339   Changer d'emploi, c'est changer de vie
LX-293   Comment investir votre argent et planifier votre
          retraite
LX-361   Comment investir votre argent et planifier votre
          retraite — 1996
LX-347   L'enjeu du REER... en 18 trous
LX-316   Mon premier emploi
LX-261   Ne prenez pas votre patron pour votre mère
LX-349   Sauvez-vous avec votre argent... et partez à
          l'aventure

Ésotérisme

Plaisirs

Religion

Humour

Humour / Bandes dessinées

SOCIÉTÉ – ÉDUCATION – LIVRES DE RÉFÉRENCE

Société

Société / Mieux Vivre

Livres de référence

Dictionnaires

Éducation / Manuels

Éducation / Formation des maîtres

Éducation / Théories et pratiques dans l'enseignement

Éducation / Théories et pratiques dans l'enseignement / Enseignement universitaire

ENFANTS – FICTION – ROMANS

Enfants

Science-fiction

Romans, nouvelles et récits

imprimerie gagné ltée

IMPRIMÉ AU CANADA